N.s.A

Note su Android

Per sistemi embedded

Gianluca Moro

(C) 2011 Gianluca Moro
ISBN 978-1-257-85992-4

Edizione I - 20110606

N.s.A — Note su Android per sistemi embedded

Indice

Capitolo 1

Introduzione

1.1 A chi è rivolto?

Questo manuale si rivolge a chi si avvicina al mondo della programmazione embedded, ed in particolare intende utilizzare il sistema Linux o Android in questo campo: si parla sia di Linux che di Android in quanto quest'ultimo ha in comune con Linux il kernel, come si spiegherà meglio dopo. Comunque molte delle problematiche, come ad esempio le procedure di boot, gli strumenti di crosscompilazione, sono presenti in entrambe le piattaforme.

Queste note **non** sono:

- una guida per Linux

- una guida per Android

- una guida alla programmazione su Android

- una guida alla programmazione dei microcontrollori

ovvero, sarebbe meglio che, avvicinandosi a questa guida, si avesse almeno una conoscenza base dei punti citati.

L'idea che ha ispirato questa guida è stata invece quella di realizzare uno strumento per il programmatore che, conoscendo un po' Linux, Android e magari avendo qualche esperienza di programmazione su microcontrollore, vuole unire le varie competenze mettendo assieme un sistema embedded gestito da Linux o da Android.

Nel caso manchino completamente esperienze nei settori indicati, si cercherà di dare dei riferimenti per colmare qualche lacuna, tenendo presente che comunque una esperienza di programmazione, magari scolastica, è auspicabile.

1.2 Cos'è GNU/Linux

I termini Linux, GNU/Linux, embedded, realtime, software, firmware sono sempre più diffusi al giorno d'oggi, anche se a volte non è chiaro il loro significato. Facilmente i vari settori di applicazione si sovrappongono e alla fin fine i confini fra i vari tipi di applicativi sono molto sfumati, e dipendono dal progettista e dalla sua idea personale di ciò che sta facendo.

Si cercherà qui di dare una panoramica di questo mondo, cercando di spiegare i vari significati e le possibili applicazioni, lasciando poi a ciascuno la libertà di applicare la classificazione che preferisce al proprio progetto.

Questa guida non è certo il luogo per descrivere cos'è GNU/Linux, anche perché si trova moltissimo materiale in rete. Ci limiteremo ad alcune osservazioni propedeutiche al nostro tipo di impiego del sistema GNU/Linux.

Prima di tutto una premessa terminologica; Linux e GNU/Linux vengono spesso considerati termini intercambiabili, ma in realtà si tratta di due progetti distinti, nati separatamente ma, fortunatamente, nello stesso periodo, tra gli anni 80 e 90: era allora disponibile da un po' di tempo il sistema operativo UNIX, nato tra gli anni 60 e 70, ad opera di una collaborazione tra AT&T, General Electric, e il Project MAC del MIT (di cui faceva parte un ricercatore di nome Richard Matthew Stallman).

AT&T distribuiva ad un prezzo contenuto UNIX (con sorgenti) alle varie università americane, ma senza alcuna assistenza: questo portò alla nascita del sistema BSD, Berkeley Software Distribution, da una collaborazione coordinata dall'Università di Berkeley, California, che iniziò poi a distribuire questa nuova versione di UNIX. L'interesse per questa distribuzione portò la AT&T a reclamarne i diritti, in quanto si trattava di un lavoro derivato dallo UNIX da lei distribuito.

Emergeva cioè un contrasto tra la politica aziendale e l'ambiente della ricerca universitaria: il primo orientato a proteggere i propri prodotti e tutti i possibili derivati da essi, anche se in tali derivati il lavoro maggiore non è fatto dall'azienda, ma da altre persone della cui opera l'azienda si appropria indebitamente, il secondo, la ricerca, che si può sviluppare solamente tramite la condivisione delle conoscenze tra le persone.

Richard Stallman, sentendo particolarmente forte questo contrasto, rinunciò al proprio lavoro di ricercatore al MIT, per fondare la Free Software Foundation (1985), http://www.fsf.org/philosophy/free-sw.html, il cui obiettivo è di creare un sistema operativo compatibile con UNIX ma completamente libero. Questo progetto prende il nome di Sistema GNU (acronimo che sta per Gnu is Not Unix): il primo software scritto all'interno di questo progetto (tra il 1984 e il 1985) fu `emacs`.

In breve:

GNU - Gnu is Not Unix

L'idea guida di Stallman è sintetizzata dalle famose 4 libertà che devono essere garantite dal software libero:

Libertà 0: Libertà di eseguire il programma per qualsiasi scopo

Libertà 1: Libertà di studiare il programma e modificarlo

Libertà 2: Libertà di copiare il programma in modo da aiutare il prossimo

Libertà 3: Libertà di migliorare il programma e di distribuirne pubblicamente i miglioramenti, in modo tale che tutta la comunità ne tragga beneficio

Queste 4 libertà vengono formalmente garantite dalla Licenza GPL (GNU Public License), tramite quelle stesse norme sul diritto d'autore che erano state usate da parte delle aziende per lo scopo contrario! L'autore cioè garantisce all'utente in maniera esplicita le 4 libertà ritenute fondamentali da Stallman: è da notare come il termine inglese "Free Software" sia inteso nell'accezione "Software Libero", non "Software gratuito", in quanto la GPL non impedisce in alcun modo di chiedere un compenso per la vendita del software, purché venga reso accessibile il codice sorgente e non vengano limitate le 4 libertà sancite dalla licenza stessa.

Verso la fine degli anni 80 il sistema GNU includeva vario software, fra cui emacs (un editor) e gcc (un compilatore) ma per poter avere un sistema completamente libero mancava ancora il cuore del sistema operativo, il kernel. Nei progetti di Stallman questo kernel era HURD (presso http://www.gnu.org/software/hurd/hurd.html si possono leggere altre informazioni), il cui sviluppo era purtroppo molto in ritardo rispetto agli altri componenti.

In breve:

Hurd: il candidato a sostituire il kernel di Linus Torvalds nel sistema GNU, basato su una struttura a microkernel.

In questi anni era uscito sul mercato un prodotto interessante: Minix (attualmente siamo alla versione Minix3: http://www.minix3.org), un sistema operativo tipo lo Unix, ma copiabile, distribuibile e modificabile solo per scopi accademici, per volere dello stesso autore, Tanenbaum. Era una condizione che si avvivinava a quelle del Software Libero, ma non completamente!

Questo limite imposto da Tanenbaum non incontrava l'accordo di uno studente dell'università di Helsinki, Finlandia, di nome Linus Torvalds, che, insoddisfatto dei sistemi operativi disponibili all'inizio degli anni '90, ha pensato bene di scriverne uno da zero, per conto suo. Questo è l'annuncio originale del suo progetto, datato 25 Agosto 1991:

```
From: torvalds@_____ (Linus Benedict Torvalds)
Newsgroups: comp.os.minix
Subject: What would you like to see most in minix?
Summary: small poll for my new operating system
Message-ID: <1991Aug25.205708.9541@_____>
Date: 25 Aug 91 20:57:08 GMT
Organization: University of Helsinki

Hello everybody out there using minix -
I'm doing a (free) operating system (just a hobby, won't be big and
professional like gnu) for 386(486) AT clones. This has been brewing
since april, and is starting to get ready. I'd like any feedback on
things people like/dislike in minix, as my OS resembles it somewhat
(same physical layout of the file-system (due to practical reasons)
among other things).
I've currently ported bash(1.08) and gcc(1.40), and things seem to
work.
This implies that I'll get something practical within a few months,
and I'd like to know what features most people would want. Any
suggestions are welcome, but I won't promise I'll implement them :-)

Linus (torvalds@_____)

PS. Yes - it's free of any minix code, and it has a multi-threaded fs.
It is NOT portable (uses 386 task switching etc), and it probably never
will support anything other than AT-harddisks, as that's all I have :-(
```

Questo progetto sollevò molto entusiasmo, raccolse molti collaboratori, fu posto sotto licenza GPL, e si rivelò un ottimo sostituto

di HURD, ancora in fase di progetto, e di Minix, che tecnicamen-
te sarebbe stato un'ottima scelta, ma non rispettava le 4 libertà di
Stallman.

Rispetto ai piani originali, Linux si è evoluto un bel po'! Il progetto di Linus Torvalds è ancora in evoluzione e rappresenta il kernel
di Linux (http://kernel.org), mentre il nome GNU/Linux indica tutto il sistema (kernel più tutti i programmi utili per lo sviluppo e la
gestione di un PC) e sintetizza dunque il fatto che l'attuale sistema
è nato da due progetti complementari, volti a risolvere una comune
esigenza, ed ha dimostrato come la collaborazione sia l'arma vincente.

Alcuni riferimenti interessanti per documentarsi su Linux sono:
Linux Facile, http://linuxfacile.medri.org/, di Daniele Medri, con
una buona introduzione storica, una descrizione dei comandi di shell
ed altro; la **Guida Rapida ai comandi Linux**, di Andrea Sivieri,
un quick reference sui comandi disponibili in Linux; **Appunti di
informatica libera**, http://appunti2.net, di Daniele Giacomini, un
bel volume con moltissime informazioni, da usare come riferimento
date le notevoli dimensioni.

1.3 Cos'è Android

Android è un sistema operativo open source per dispositivi con ridotte capacità hardware (ovvero, ridotte rispetto ad un computer),
basato sul kernel Linux. Fu inizialmente sviluppato da Android Inc.,
un'azienda acquisita nel 2005 da Google. I fondatori di Android Inc.,
Andy Rubin, Rich Miner, Nick Sears e Chris White iniziarono a lavorare per Google e svilupparono una piattaforma presentata nel 2007
dall'Open Handset Alliance, basata sul kernel 2.6 (il primo rilascio
ufficiale è basato sul kernel 2.6.25).

La piattaforma usa il database SQLite, la libreria dedicata SGL
per la grafica bidimensionale e supporta lo standard OpenGL ES
2.0 per la grafica tridimensionale. Le applicazioni vengono eseguite
tramite la Dalvik virtual machine, una Java virtual machine adattata
per l'uso su dispositivi mobili. Android è fornito di una serie di
applicazioni preinstallate tra cui un browser, basato su WebKit (da
Wikipedia: http://it.wikipedia.org/wiki/Android).

Dal punto di vista dell'utilizzo di sistemi embedded, l'elemento
interessante è il fatto che Android è ottimizzato per venire eseguito su
dispositivi con poche risorse, ovvero, dispositivi che sono già utilizzati
al momento in sistemi embedded industriali.

Inoltre, essendo usato in un mercato di tipo consumer e sostenuto
da Google, ha una base molto ampia di utenti ed è ben supportato.
Molto spesso in un sistema di automazione industriale sono presenti
dispositivi di controllo e supervisione basati su schermi touchscreen,
molto simili ai moderni telefonini, o meglio ai vari pad presenti sul
mercato.

Ovviamente l'hardware sarà personalizzato, e qualche personalizzazione sarà necessaria anche su Android: ed è a questo punto che
queste note vi potranno fare da guida!

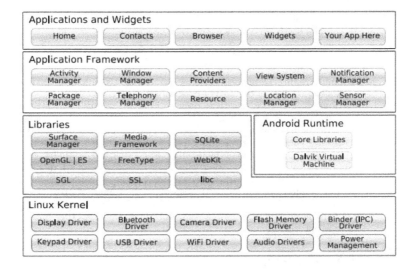

Figura 1.1: La struttura di Android - dalla documentazione di Google

1.4 Cos'è un sistema embedded

Il termine embedded deriva dall'inglese e significa "incluso", "inserito", "incastonato" ... indica cioè un dispositivo inserito in un qualche macchinario. Tipicamente il dispositivo "embedded" ha funzioni di controllo, supervisione, gestione, ed il fatto di sottolineare che è incluso indica che, in linea di principio potrebbe anche essere un dispositivo indipendente! Concretamente un dispositivo embedded (o almeno i dispositivi embedded di cui parliamo noi) sono dei microcontrollori/microprocessori analoghi a quelli che si trovano in un PC, con la fondamentale differenza che, mentre il PC ha una esistenza autonoma, e potrebbe essere collegato in modo da supervisionare una macchina, il microcontrollore embedded viene inserito all'interno stesso della macchina che controlla.

Ad esempio, una lavatrice o un condizionatore hanno bisogno di un sistema di controllo, il cui cuore è un processore che, in linea di principio è analogo al processore di un PC, con alcune differenze di contorno, che però non sono affatto trascurabili.

Dimensionato ad hoc: prima di tutto il dispositivo embedded è progettato per il particolare compito a cui deve assolvere, quindi le risorse e i dispositivi collegati sono quelli strettamente necessari: rispetto un PC, ad esempio, non servirà a nulla un controller grafico, o una scheda audio;

Dedicato: un dispositivo del genere ha bisogno di interfacciarsi con il macchinario a cui è collegato, per cui sono previste delle periferiche dedicate, come ad esempio la gestione di bus industriali (CAN, 485 ...) o dispositivi per il controllo diretto di LCD, o altro.

Dispositivi embedded sono sempre stati presenti nei più svariati apparecchi, ma l'approccio è sempre stato molto diverso da quello dei PC per la grande differenza di risorse disponibili nei due diversi ambienti, in particolare essendo il dispositivo embedded dedicato a svolgere un solo, ben determinato compito, si è sempre scelto un processore con la minima capacità di calcolo necessaria a svolgere tale compito.

Il grande progresso nel settore dell'elettronica, ha portato però ad incrementi nelle capacità di calcolo dei processori e delle capacità di memorizzazione, tali da rendere molto più sfumata la differenza tra processore embedded e processore da PC, e da rendere utilizzabile un sistema operativo anche in ambiente embedded.

In breve:

Un sistema embedded è un dispositivo di controllo inserito in un generico macchinario, in cui esegue un compito ben definito, con le risorse strettamente necessarie alla sua funzione, molto spesso progettate ad hoc.

1.5 Cos'è un sistema realtime

Il concetto di **realtime** è di per sé molto semplice: indica un sistema in cui le funzionalità implementate devono essere eseguite con dei vincoli temporali più o meno stretti, il cui mancato rispetto rende inutilizzabile il sistema.

Basti pensare all'impianto frenante di un'automobile: deve intervenire per frenare in un intervallo di tempo ben definito e limitato; se il freno funziona perfettamente, ma dopo 10 secondi dal momento in cui è necessario, è sostanzialmente inutile.

Un sistema realtime può avere sia vincoli imposti dall'esterno, cioè deve essere in grado di rispondere ad un evento esterno in un tempo prefissato, sia vincoli interni, cioè il sistema deve essere in grado di generare eventi ad intervalli regolari e precisi.

Linux non è nato per gestire queste problematiche, anche se vi sono delle estensioni apposite per applicazioni di questo tipo.

In breve:

Un sistema realtime deve garantire una temporizzazione precisa, nota a priori e soprattutto, deterministica.

1.6 Software e Firmware

Nel linguaggio informatico si parla, o si sente spesso parlare, di **software** e di **firmware**, anche se non sempre la differenza è molto chiara: questo è dovuto al fatto che sostanzialmente sono la stessa cosa, ovvero si tratta di un programma, scritto per un processore, che implementa certe funzionalità.

Tradizionalmente il software è considerato più "volatile", nel senso che lo si può modificare, aggiornare, o cambiare completamente con relativa facilità, mentre il firmware è un po' più "fisso", nel senso che l'operazione di aggiornamento non è detto sia molto facile. La distanza tra le due definizioni si è andata sempre più assottigliando, ad esempio il BIOS di un PC che un tempo era virtualmente immodificabile, ora si può aggiornare molto facilmente, e d'altra parte, spesso in un sistema embedded attuale quello che una volta era il firmware potrebbe benissimo essere una qualche versione di Linux.

Diciamo che il firmware si posiziona più vicino all'hardware, mentre il software si trova su un livello un po' più astratto (che molto spesso si appoggia ad un firmware sottostante).

In breve:

Firmware è un particolare tipo di software, di solito dedicato al controllo dell'hardware di un dispositivo.

1.7 Perché usare un sistema operativo

I dispositivi embedded sono sempre stati usati nelle applicazioni industriali e non, e nel tempo c'è stata una continua evoluzione negli strumenti di sviluppo usati, dalla programmazione in assembly, a quella in C, all'uso di sistemi operativi, dedicati o meno.

Ciò di cui noi stiamo parlando è l'utilizzo di Linux o di Android, sistemi operativi pensati per il PC l'uno e per telefoni l'altro, in un sistema embedded, tipicamente per applicazioni industriali, tradizionalmente trattato in maniera molto diversa: ci sono vantaggi nel seguire questo approccio?

Ovviamente, come in ogni cosa ci sono sia vantaggi che svantaggi, dipende dal tipo di applicazione che si intende sviluppare, e dalle funzionalità di cui si ha bisogno: vediamo di evidenziare alcuni punti, in modo che ciascuno possa decidere in maniera autonoma se l'uso di Linux o Android può essere adatto al proprio progetto. Partiamo dai vantaggi:

sistema standard: il primo grosso vantaggio è che si tratta di sistemi operativi "standard", per cui l'esperienza di un programmatore Linux / Android / Java può essere facilmente usata anche in ambito embedded, con una curva di apprendimento molto veloce;

tool di sviluppo: diretta conseguenza del punto precedente è che gli strumenti di sviluppo sono gli stessi che si possono usare sul desktop, quindi molte delle prove e delle verifiche si possono fare prima di passare all'ambiente embedded, con maggiori possibilità di debugging;

sistema multitasking: consente di eseguire più programmi su una macchina, quindi di organizzare il proprio progetto in tante parti separate, ottenendo quindi una maggiore pulizia di codice, una facilità di manutenzione, modifica, aggiunta caratteristiche;

driver: pur lavorando in ambiente embedded, e dunque avendo molto spesso la necessità di scrivere dei driver specifici, il fatto di avere accesso a moltissimi driver preesistenti, consente, anche se non si trova quello adatto alle proprie esigenze, di trovarne almeno qualcuno di simile a quello che ci serve, con un considerevole risparmio nei tempi di sviluppo del software;

disponibilità di utilità: analogamente per le varie utilità e librerie necessarie, anzi in questo caso è ancora più facile trovare disponibile ciò che ci serve, senza doverlo scrivere da zero;

Gli svantaggi invece sono:

risorse hardware: un sistema operativo come Linux richiede certamente molte più risorse di quante ne servano per un sistema ritagliato sulle proprie esigenze, ma con l'andamento attuale del mercato, tali risorse sono facilmente (ed economicamente) accessibili; Android inoltre è pensato proprio per sistemi con poche risorse, alla fin fine simili a quelli usati in ambito industriale;

tempo reale: se la nostra applicazione richiede gestione del tempo reale, un sistema come Linux o Android non è adatto, a meno di non usare le appropriate estensioni e/o driver.

1.8 Perché usare Android

Android è un sistema nato per i telefoni cellulari ma facilmente personalizzabile, infatti guardando le specifiche di tali dispositivi, si nota come le risorse siano molto simili a quelle presenti su schede di dispositivi embedded di un certo livello. Le caratteristiche su cui punta Android sono:

- sistema ottimizzato per dispositivi con poche risorse;

- gestione dinamica delle risorse, come la RAM;

- garanzia dei tempi di risposta del sistema;

- uso di Java come ambiente di sviluppo;

e dal punto di vista dell'uso di Android in un sistema embedded:

- Android è basato su un kernel Linux, spesso già usato in sistemi embedded;

- Android fornisce una piattaforma di sviluppo molto facile da usare;

e alla fin fine, Android è attivamente sponsorizzato e sviluppato da Google, cosa che ci fa immaginare un lunga vita del prodotto, anche in applicazioni vicine all'automazione, come la domotica.

Dal punto di vista dello sviluppo di dispositivi embedded, l'uso di Android consente di accedere ad un'ampia base di programmatori esperti, ed a competenze specifiche nella realizzazione di interfacce embedded touchscreen.

Molto spesso nei dispositivi embedded industriali, accanto ad una parte di basso livello di interfaccia con i più disparati dispositivi, esiste una esigenza di presentare una GUI (o HMI - Human Machine Interface) che sia di facile uso, intuitiva, anche perché l'uso dei moderni telefonini ci ha abituato a dare per scontate queste caratteristiche.

Inoltre si stanno diffondendo sistemi di supervisione remoti, via web, per cui poter fornire un'applicazione omogenea sia sul dispositivo embedded, che per collegamenti da remoto, per assistenza off-site, o per servizi di reperibilità rappresenta senza dubbio un valore aggiunto al prodotto.

1.9   Distribuzioni Embedded

Chi si avvicina per la prima volta a Linux, può rimanere disorientato da tutte le "distribuzioni" presenti: viene da chiedersi se Linux sia uno o multiplo!

Abbiamo visto come Linux indichi il kernel pensato e scritto da Linus Torvalds. Il kernel è però come le fondamenta di una casa: se sono robuste la casa potrà essere solida, ma se uno non costruisce la casa sopra le fondamenta se ne fa poco (e soprattutto si bagna quando piove).

Per questo motivo, per avere un sistema usabile, oltre alle fondamenta, il kernel, bisogna costruirci sopra la casa, cioè metterci tutti i programmi che potranno servire: ovviamente, come le case sono diverse a seconda dei gusti di chi ci andrà ad abitare, anche i programmi da installare saranno diversi a seconda dello scopo dell'applicazione. Ciascuno può prendersi un kernel, una interfaccia grafica, un server e così via fino ad avere l'ambiente che gli serve. Questo era il panorama tipico per i primi utenti di Linux, che dovevano assemblare il proprio sistema con i componenti che ritenevano utili, fino a quando sono entrate in gioco le distribuzioni.

Sostanzialmente una distribuzione è una raccolta di programmi, spesso chiamati pacchetti, costruita attorno ad un kernel, con in mente determinati obiettivi: le distribuzioni più famose sono "general purpose", cioè cercano di costruire un ambiente che possa essere ideale per un largo numero di persone, e tipicamente funzionano su PC.

Ma cosa hanno in comune? sono Linux, cioè partono da un kernel di Linux, ed hanno tutte le utilità di base che un utente di Linux si aspetta di trovare; dunque, a parte tutto il contorno, se ci si trova davanti una macchina Linux, si sa che da qualche parte c'è una shell, dalla quale si possono lanciare tutti i comandi presenti nel sistema, anche se magari l'interfaccia grafica è astrusa (o anche assente) e non si trova niente. Dalla shell, poi, si può accedere alla configurazione della macchina, infatti tutte le configurazioni sono presenti in file ASCII in percorsi (più o meno) standard; oppure in shell c'è chi ci lavora perché la trova più veloce ... questione di gusti e di abitudini.

Dunque una distribuzione è una raccolta di programmi, installati in maniera omogenea e pronti all'uso, su una piattaforma di base che è, se non proprio comune, poco differenziata. Ora che anche MacOs X ha un cuore Unix, infatti un utente può aprire una shell su MacOs X e trovarsi a suo agio anche lì; ovviamente un utente tradizionale di MacOs X, non la utilizzerà mai, ma in fondo il mondo è bello perché e vario e soprattutto perché si può scegliere.

In ambiente embedded la situazione è un po' più simile ai primi tempi di Linux, in cui ciascuno costruiva il sistema secondo le sue esigenze, anche perché l'approccio tipico del sistema embedded è quello di realizzare un sistema configurato solo con quello che serve, senza servizi, programmi o dati non usati.

Anche nel mondo embedded, con l'aumentare dell'utilizzo di Linux, sono nate alcune distribuzioni dedicate: si tratta in questo caso di un insieme di programmi e tool, come per le distribuzioni da desktop, ma pensati per ambienti con risorse più ridotte, per i processori che di solito si usano in questi ambienti, come x86, ARM, PPC, MIPS, SHx. Un esempio di distribuzione italiana di questo tipo è KLinux, http://www.klinux.org, della Koan Software, basata su http://www.openembedded.org.

In questo panorama, Android si può anche vedere come un'altra distribuzione, ma dare semplicemente questa definizione è un po' limitativo. Android è effettivamente un sistema completo, dal kernel agli applicativi per l'utente, il tutto altamente ottimizzato per sistemi con poche risorse, sia nel kernel, che nelle librerie, che nella struttura dei programmi. Inoltre è pensato appositamente per il mondo dei cellulari (e ultimamente dei pad), però ha molte delle caratteristiche interessati per un sistema embedded, come vedremo in seguito.

1.10   Struttura dei capitoli seguenti

Come già detto, il manuale è rivolto a chi ha già un po' di esperienza di programmazione o di sistemi embedded. In caso contrario si dà comunque una panoramica e dove alcune cose possono non essere chiare si forniscono le indicazioni per ulteriori approfondimenti.

Queste note sono organizzate per affrontare gli argomenti nell'ordine in cui le varie problematiche si presentano in un progetto reale, quindi:

Ambiente di sviluppo: la prima cosa da preparare è l'ambiente di sviluppo, ovvero i tool come il compilatore, i vari strumenti per collegarsi al proprio dispositivo, i sistemi di debugging;

Il target: un progetto embedded di solito si realizza su un determinato dispositivo, che può essere progettato ad hoc, oppure essere una scheda di valutazione/sviluppo che si trova sul mercato, anche a prezzi moderati;

Il boot: il primo passo per un dispositivo è eseguire il boot e caricare il sistema operativo o l'applicazione dell'utente: questo è un passaggio obbligato e indipendente da quanto verrà caricato in seguito (Linux, Android o altro);

Il kernel: nel caso il nostro dispositivo abbia un sistema operativo, il kernel è la prima cosa che viene caricata dopo il boot loader: questo vale sia per Linux che per Android, anche se ciascuno ha un suo specifico kernel. Il kernel usato da Android è derivato da quello di Linux standard, è un po' diverso ... ma non tanto;

Linux: una volta che il kernel è stato caricato, si caricano gli applicativi dell'utente, e qui la situazione si differenzia tra Linux ed Android: per Linux potrebbe essere lanciato un singolo (o più di uno) programma, o una interfaccia grafica che a sua volta lancia uno o più programmi;

Android: Android procede in maniera analoga a Linux, ma esegue una serie diversa di programmi/interfacce grafiche;

Applicazioni: le applicazioni utili in un sistema embedded dipendono molto dal sistema stesso, qui vengono presentate alcune applicazioni generali;

Utilità: infine si presentano alcuni strumenti per la gestione del progetto.

Capitolo 2

Ambiente di sviluppo

Lavorare su un sistema embedded richiede un minimo di infrastruttura e di strumenti, sia hardware che software. In maniera molto schematica possiamo dire che serve:

il dispositivo target: di solito si sviluppa per particolari tipi di schede, di cui sarebbe molto comodo averne almeno un campione per fare le proprie prove. Non è una richiesta vincolante, ma questo dipende anche da cosa si ha intenzione di fare: se l'obiettivo è lavorare su schede con architettura x86, molto del lavoro lo si può sviluppare sul proprio PC, se si lavora in ambiente Android, un telefono può essere sufficiente.

Nel caso non si abbia nulla, possono venire in soccorso i vari emulatori che si trovano e che si installano sul proprio PC. Se però il progetto include anche la gestione di particolari periferiche hardware, prima o poi è necessario disporre del dispositivo fisico per testare il proprio lavoro. Si parlerà un po' più in dettaglio del target nel capitolo relativo.

l'ambiente di sviluppo sul proprio PC: da generiche utilità come editor, IDE, sistemi di controllo delle versioni, a strumenti più specifici per il nostro progetto, come compilatori e debugger. Per sviluppo su Linux embedded è molto comune usare C o C++, per cui sarà necessario un compilatore C, C++ (molto spesso si tratta di `gcc`) predisposto per generare file eseguibili per il nostro target (ovvero, si tratta di un `cross-compilatore`, un compilatore che viene eseguito su una architettura, di solito x86, e genera eseguibili per un'altra architettura, ARM, MIPS ...).

Se si lavora su Android embedded, servono gli stessi strumenti di prima, più l'ambiente di sviluppo per Java, con le relative librerie specifiche di Android. Si tratta del sistema di sviluppo standard per Android, indicato anche come Android SDK.

strumenti di contorno: tipicamente il dispositivo su cui si lavora è
una scheda, mentre l'ambiente di sviluppo è su PC: soprattutto
nelle fasi in cui il software non è molto stabile può esser comodo
e veloce tenere il filesystem del dispositivo target su PC e fargli
fare il boot via rete. Per una configurazione del genere di solito
servono alcuni servizi specifici, come `tftp`, `dhcpd`, `nfs`.

2.1 Compilatore C/C++

Prima di compilare un qualsiasi progetto è necessario procurarsi ed
installare l'ambiente di sviluppo per la specifica architettura che si
deve usare, ovvero un compilatore C/C++, un assemblatore, un linker e le relative librerie ed utilità: questo insieme di programmi viene
chiamato **tool chain**.

In breve:

**Quali sono i tool di sviluppo? I tool di
sviluppo tipici sono quelli della GNU:
il compilatore tipicamente usato è gcc e
tutte le utilità di contorno.**

Di solito ogni PC ha una tool chain nativa, ovvero quella serie
di utilità che consentono di compilare su una architettura x86 per la
stessa architettura x86. Un **cross-compilatore** può essere compilato
a partire dai sorgenti ma è una operazione non sempre facile; esistono
dei pacchetti già pronti per le varie architetture:

- LTIB http://bitshrine.org/ltib/, Linux Target Image Builder,
  per varie architetture, tra cui ARM e PowerPC;

- ELDK http://www.denx.de/wiki/DULG/ELDK;

- BuildRoot http://buildroot.uclibc.org/ analogo ad LTIB;

L'uso di un cross-compilatore (o anche più di uno su uno stesso
PC), richiede alcuni accorgimenti nella configurazione in quanto la
compilazione di un progetto richiede diversi tipi di strumenti (compilatore, assemblatore e linker almeno) più una serie di librerie (come
minimo quelle standard del C). Tali comandi e file hanno di solito
nomi e posizioni standard nel filesystem: dovendo lavorare con architetture diverse si rischia di avere qualche conflitto tra gli strumenti
per il nostro target e quelli nativi per il PC, il che porta al fallimento
della compilazione del progetto.

D'altro canto, nel caso dovessimo importare software di terze parti, questo fa di solito riferimento ai nomi standard. Una possibilità è riconfigurare il processo di compilazione, non molto agevole, un'altra è usare strumenti predisposti come LTIB, o analoghi.

Si fa qui riferimento ad LTIB http://www.bitshrine.org/ltib/home-intro, ma si può procedere per analogia con altri ambienti. LTIB è un po' più di un semplice cross-compilatore: fornisce un ambiente completo dai comandi di compilazione, a quelli di gestione dei file binari, alle librerie corrette, il tutto in un ambiente isolato dal nostro PC. Questo ha grandi vantaggi fra cui:

- possibilità di installare più ambienti LTIB diversi (per lavorare su architetture diverse)

- possibilità di compilare programmi di terze parti che prevedono la configurazione standard senza doverla modificare

Il pacchetto LTIB, nella versione generica, può essere scaricato dal sito http://www.bitshrine.org/ltib/home-intro; a volte, i produttori delle varie schede forniscono un ambiente di sviluppo LTIB già pronto per le loro schede, sia compilatore e librerie standard, che driver per specifici hardware da loro prodotti. Nel caso fossimo in questa situazione, usare tale software può essere una buona idea, in particolare per iniziare il lavoro! Alcune delle caratteristiche principali di LTIB sono:

- software Open source, con licenza GPL

- usabile su gran parte delle distribuzioni Linux

- interfaccia da linea di comando

- supporta molte architetture target:PPC, ARM, Coldfire

- supporta la compilazione di bootloader e kernel

- toolchain selezionabile da configurazione

- possibilità di scegliere e configurare il kernel di Linux

- modalità shell per lavorare da linea di comando all'interno dell'ambiente LTIB

- supporta sia glibc che uclibc

L'ambiente LTIB fornisce dunque uno strumento a cui, una volta installato, si accede tramite il comando

```
$ ltib -c
```

dal quale si può:

- usare la tool-chain predefinita o impostarne una di propria

- compilare il proprio kernel

- compilare tutti gli applicativi che ci interessa installare nel nostro dispositivo

- costruire l'immagine del filesystem da caricare nel dispositivo

- il tutto mantenendo la configurabilità sia dei singoli componenti (kernel e applicativi) che dell'ambiente di sviluppo (ad esempio scegliere se usare le librerie C standard o le uclib)

Nel caso si stia lavorando su un kernel personalizzato, esterno ad LTIB, è sufficiente dichiararlo in fase di configurazione, ovvero, accedendo ad LTIB col comando appena citato:

```
$ ltib -c
```

e poi alla voce: "Choose your kernel", si imposta "Local Linux directory build" in modo che punti alla directory `<kernel-home>` dove si trova il proprio kernel. A questo punto verrà compilato il kernel indicato e il file dell'immagine si è in `<kernel-home>/arch/powerpc/boot` nel caso si compili per PowerPC, in sotto-directory analoghe se si sta lavorando su altre architetture.

Se si seleziona la configurazione del kernel, all'uscita dal comando `ltib -c`, viene lanciato il `make menuconfig` standard del kernel, che poi verrà compilato.

2.2 Il PDK

Con PDK si intende l'ambito di lavoro di chi intende eseguire un porting (Porting Development Kit) della piattaforma Android. Per far questo sono necessari sia crosscompilatori idonei che l'ambiente di sviluppo Java: vediamo per ora i primi. Prima di tutto, Android si basa su un kernel molto simile a quello standard di Linux, quindi il primo passaggio per prepararsi ad un porting di Android è quello di avere un kernel idoneo. La procedura più veloce è tramite l'installazione di LTIB, configurato in modo da compilare il kernel modificato per Android.

Per la compilazione completa dell'AOSP (Android Open Source Project), abbiamo bisogno di indicare al make qual è il compilatore, ad esempio, lavorando su PowerPC, la compilazione si può lanciare con:

```
$ make ARCH=powerpc  CROSS_COMPILE=powerpc-e300c3-linux-gnu- ...
```

indicando che il nostro compilatore è installato nel PATH ed ha il prefisso `powerpc-e300c3-linux-gnu-`, ovvero, gli strumenti di compilazione chiamano per il compilatore `powerpc-e300c3-linux-gnu-gcc`, per il linker `powerpc-e300c3-linux-gnu-ld` e così via.

2.3 Il JDK

Per la compilazione del PDK è necessaria anche l'installazione dell'
ambiente di sviluppo Java, ovvero il JDK, Java Development Kit;
questo è necessario sia per sviluppare gli applicativi Android standard, sia nella fase di compilazione dell'AOSP, in quanto varie parti
sono scritte in Java. La procedura di installazione è comunque la
stessa.

In breve:

**JDK - Java Development Kit - ambiente di
sviluppo per Java standard, ovvero J2SE,
prerequisito per sviluppare su Android**

Nel caso fossimo interessati al solo ambiente per sviluppare applicazioni per Android, le parti rilevanti sono l'installazione del JDK,
dell'Android SDK, e di Eclipse (non obbligatorio, ma consigliato).

Per lo sviluppo delle applicazioni si può usare come piattaforma di lavoro sia Linux, che Windows che Mac. Ovviamente per
compilare l'AOSP è da usare la stessa piattaforma dove abbiamo i
cross-compilatori: come riferimento (consigliabile) si usa Linux, (in
particolare una Ubuntu 10.10). Il software da installare è essenzialmente:

- JDK - Java Development Kit

- Android SDK - Android Software Development Kit

- Eclipse, o altro IDE (non indispensabile, ma consigliato)

Di java e relativi ambienti di sviluppo esiste un'ampia documentazione in rete, a cui si rimanda: detta in breve, si installa il sistema di sviluppo Java, ovvero JDK, scaricando l'ultima versione da
http://www.oracle.com/technetwork/java/javase/downloads/index.html

2.4 L'Android SDK

Il sistema di sviluppo per Android include tutte le librerie e gli strumenti per realizzare le applicazioni per Android e per installarle sui
nostri dispositivi e si può scaricare dal sito ufficiale per sviluppatori http://developer.android.com/sdk/index.html, in particolare ci
fornisce:

N.s.A — Note su Android per sistemi embedded

- librerie

- strumenti di sviluppo

- strumenti per il debugging

- documentazione

- emulatore

Questi, assieme al JDK, rappresentano i due componenti strettamente necessari allo sviluppo delle applicazioni; l'uso di un IDE è
facoltativo ma molto comodo!

In breve:

**Android SDK - ambiente di sviluppo spe-
cifico per Android, che si integra con il
JDK standard**

Esiste anche l'NDK, ovvero Native Development Kit, scaricabile
dall'indirizzo http://developer.android.com/sdk/ndk/index.html che
consente di accedere al basso livello della piattaforma Android: di
solito non è necessario per il normale sviluppo di applicazioni e
nemmeno per il porting di Android su altre piattaforme.

Per l'installazione dell'SDK è sufficiente scaricare il pacchetto e
scompattarlo in una directory a piacere (ad esempio in ~/bin)

```
tar zxf  ../Downloads/android-sdk_r08-linux_86.tgz
```

È comodo inserire nel PATH la directory contenente le varie utilità, si tratta della cartella tools, quindi installando l'SDK in ~/bin la
directory da aggiungere al PATH è: ~/bin/android-sdk-linux_86/tools;
in Linux, si può aggiungere al file ~/.bashrc la seguente linea:

```
PATH=$PATH:/home/username/bin/android-sdk-linux_86/tools
```

Le ultime versioni dell'SDK contengono parte delle utilità, quelle
più specifiche della piattaforma usata, in un'altra cartella. La si può
aggiungere in maniera analoga con:

```
PATH=$PATH:/home/username/bin/android-sdk-linux_86/platform-tools
```

2.5 Eclipse

Come IDE (Integrated Development Environment), consigliabile per lo sviluppo di applicazioni, si fa riferimento ad Eclipse, scelta consigliata dagli sviluppatori di Android. Per scaricare il software si fa riferimento al sito relativo http://www.eclipse.org/downloads/ (la versione per sviluppare in Java). Eclipse lo si può scaricare dal sito ed installarlo a mano:

```
tar zxf eclipse-java-helios-SR1-linux-gtk.tar.gz
```

oppure (scelta consigliata) si usa un gestore di pacchetti, ad esempio in Ubuntu:

```
$ sudo apt-get install eclipse-platform
```

In breve:

Eclipse: un IDE, Integrated Development Environment, pur non essendo uno strumento necessario, è molto comodo.

A questo punto è necessario installare un componente che serve ad integrare l'ambiente Eclipse con l'Android SDK: si chiama Android Development Tools (ADT), ed è un plugin per Eclipse:

- lanciare Eclipse e selezionare `Help > Install New Software ...`

- premere il pulsante `Add`

- nella finestra che compare, in `Add Repository`, digitare `ADT Plugin` come nome, https://dl-ssl.google.com/android/eclipse/ come URL, e poi premere OK

- selezionare `Developer Tools` e premere `Next`, poi ancora `Next` e infine `Finish`

Ora è necessario configurare il plugin ADT:

- selezionare `Window > Preferences`

- selezionare `Android` nella parte sinistra

- indicare dove si trova l'SDK (pulsante `Browse...`)

- premere `Apply` e poi `OK`

In Eclipse, selezionando `Window > Android SDK and AVD manager`
si possono ora installare le librerie e le API per le varie versioni di
Android e creare un nuovo AVD: da `Virtual Devices` si preme il ta-
sto `New` e si crea il dispositivo per il test dei nostri programmi: come
primo dispositivo si possono lasciare tutti i default.

2.6   Installazione tftp

Nella fase iniziale dello sviluppo su un dispositivo embedded, si ha
a disposizione un firmware che inizializza la scheda e fa poco altro:
in questa situazione c'è la necessità di caricare un sistema operativo.
Soprattutto in fase di sviluppo risulta piuttosto macchinoso fare le
modifiche, programmare la flash, testarle e si preferisce lavorare solo
in RAM. In questo ci viene in aiuto `tftp`, dove la `t` del nome indica
che si tratta di un `trivial ftp`, un ftp con sole funzionalità base.

In breve:

**tftp: un ftp semplificato per consentire ad
un dispositivo il boot via rete**

Lo scenario è dunque il seguente: all'accensione della scheda parte
il BIOS, che può essere configurato per ricevere comandi su come
procedere o per caricare direttamente il sistema operativo. Nel caso
sia configurato per fare quest'ultima operazione via rete (si potrebbe
fare anche via seriale, ma è più lento), il BIOS cerca un server `tftp`
da cui tenta di scaricare il kernel tramite il protocollo `tftp`. Affinché
il tutto funzioni è necessario installare su un PC locale un server
che metta a disposizione i file richiesti. Il dettaglio dell'installazione
dipende dalla distribuzione; un paio di cose da verificare (o fare)
comunque dopo l'installazione del pacchetto sono:

- creare la directory `/tftpboot`, con diritti `777`: in questa directory verranno messi i file (tipicamente le immagini dei kernel)
  che la macchina remota richiede

- verificare che il server venga attivato: se i servizi di rete sono gestiti tramite `inetd`, nel file di configurazione deve essere
  presente una riga del tipo:

```
tftp dgram udp wait root /usr/libexec/tftpd tftpd -s /tftpboot
```

N.s.A — Note su Android per sistemi embedded

Se invece si utilizza xinetd, nella relativa directory di configurazione /etc/xinetd.d deve essere presente un file tftpd con il
seguente contenuto:

```
# default: off
# description: The tftp server serves files using the
#    trivial file transfer protocol.  The tftp protocol
#    is often used to boot diskless workstations,
#    download configuration files to network-aware
#    printers, and to start the installation process
#    for some operating systems.
service tftp
{
    socket_type     = dgram
    protocol        = udp
    wait            = yes
    user            = root
    server          = /usr/sbin/in.tftpd
    server_args     = -s /tftpboot
    disable         = no
    per_source      = 11
    cps             = 100 2
    flags           = IPv4
}
```

Di solito questo file esiste già, ma il servizio è disabilitato (cioè
la riga disable = yes bisogna modificarla in disable = no)

A questo punto, si esegue un restart del servizio (/etc/init.d/xinetd
restart e il server è pronto a fornire i file richiesti; come verifi-
ca, si può dare il comando tftp localhost -c get image.bin:
si dovrebbe trovare nella directory corrente il file image.bin.

Una buona alternativa è tftpd-hpa:

```
$ sudo apt-get install tftpd-hpa
```

il cui file di configurazione primario è /etc/init/tftpd-hpa.conf.
Esso contiene una riga indicante il nome del file che contiene le opzioni
di default:

```
env DEFAULTS="/etc/default/tftpd-hpa"
```

Questo file a sua volta contiene la definizione della directory usata
da tftpd per fornire i file:

```
TFTP_DIRECTORY="/tftpboot"
```

in questo caso la directory /tftpboot.

2.7   Installazione NFS

Oltre al caricamento del kernel via rete, è possibile, ed ancora una volta molto comodo, usare l'intero filesystem via rete. L'approccio tipico è quello di usare `nfs`, ovvero Network File System.

In breve:

nfs: Network File System - un protocollo per utilizzare un file system montato via rete

I pacchetti da installare sono i seguenti:

```
$ apt-get install nfs-common
$ apt-get install nfs-kernel-server
```

dopodiché è necessario configurare la directory che verrà esportata tramite NFS, ovvero il file `/etc/exports`, aggiungendo la linea:

```
/tftpboot     192.168.1.0/24(rw,no_root_squash,no_all_squash)
```

e infine si forza la lettura della nuova configurazione:

```
$ /usr/sbin/exportfs -rv
```

Il comando `exportfs` da solo consente di vedere quali sono le directory esportate.

2.8   Installazione dhcpd

La configurazione dell'indirizzo di una scheda embedded può essere fatta in maniera statica o dinamica, come del resto per ogni normale PC: nel caso sia conveniente una configurazione dinamica, è comodo installare un server `dhcpd` sulla propria macchina.

In breve:

dhcp: un servizio per assegnare gli indirizzi IP ai dispositivi collegati in rete

Si tratta di installare il pacchetto corrispondente, e questo dipende dalla distribuzione che si sta usando, e preparare il file di configurazione: un esempio è il seguente file /etc/dhcpd.conf

```
ddns-update-style none;
option domain-name "nomedominio";
default-lease-time 600;
max-lease-time 7200;
allow bootp;
# IMPORTANTE - altrimenti va in conflitto con altri DHCPD
not authoritative;

subnet 10.0.0.0 netmask 255.255.255.0
{
default-lease-time 1209600; # due settimane
max-lease-time 31557600; # un anno

    host miascheda
    {
      hardware ethernet 00:AA:BB:CC:DD:EE;
      fixed-address 10.0.0.7;
      option root-path "/tftpboot/root";
    }

}
```

Le parti interessanti sono nel blocco host: qui si indica il MAC address della nostra scheda embedded, l'indirizzo IP che le si vuole assegnare, e la root directory, utilizzata per montare la root via rete.

È da notare anche la riga not authoritative la quale evita che il nostro server dhcp entri in conflitto con altri server dhcp: nel caso si provveda ad installare dhcp è comunque meglio consultarsi con chi gestisce la rete.

Capitolo 3

Il target

Nella realizzazione di un progetto embedded, di solito indichiamo con **target** l'hardware sul quale il nostro programma dovrà essere eseguito.

In breve:

Host: il computer su cui sviluppiamo il nostro software

In breve:

Target: il dispositivo su cui eseguiamo il nostro software

La scelta del tipo di hardware da utilizzare dipende molto dalle applicazioni che si intendono realizzare. In Internet vi sono parecchi siti che offrono schede di vario tipo, dimensioni e capacità di calcolo per applicazioni embedded: cerchiamo di dare qui alcune indicazioni di massima certamente non esaustive, ma sufficienti per iniziare una ricerca di mercato.

Prima di tutto un'osservazione: scopo di questa guida è mostrare come utilizzare Linux ed Android in un ambiente embedded, ritagliando ed adattando il sistema alle nostre esigenze. Per fare questo si giungerà molto probabilmente a dover definire l'hardware che si intende usare, ma questo passo può essere rimandato.

Il grosso vantaggio di utilizzare Linux ed Android in dispositivi embedded, è proprio quello che, pur essendo l'applicazione specifica, il punto di partenza è standard, ovvero è un prodotto su cui si trova molta documentazione, molte persone ci stanno lavorando, e si può ottenere aiuto abbastanza facilmente. Inoltre, possiamo eseguire i nostri test iniziali su un normalissimo PC o su un telefono; per Linux embedded, se proprio vogliamo una macchina dedicata su cui poterci mettere le mani senza troppe preoccupazioni, possiamo prendere un PC di qualche anno fa, che magari verrebbe gettato, ed utilizzarlo per le nostre prove.

Senza dubbio, passando da un PC o da un telefono ad una scheda embedded troveremo qualche ulteriore differenza (e problema) ma intanto, dopo aver fatto una buona esperienza sulle tecniche di configurazione e programmazione, ci troveremo molto più a nostro agio, senza contare che avremo le idee molto più chiare per quel che riguarda la scelta del nostro specifico hardware.

Per una indagine di mercato la cosa migliore è usare internet; alcuni siti per iniziare potrebbero essere:

- http://www.acmesystems.it offre scheda, chiamata FoxBoard, con un ottimo supporto in italiano, per testare Linux embedded;

Figura 3.1: La FoxBoard G20 della ACME Systems

N.s.A — Note su Android per sistemi embedded

- http://www.gumstix.com offre varie soluzioni per dispositivi embedded, anche su schede molto piccole;

Vi sono anche soluzioni un po' meno canoniche, ad esempio alcuni modem/router ADSL in realtà sono sistemi embedded con linux (un po' ridotti, a dire il vero, ma anche il prezzo è molto accessibile): esempi sono il Netcomm NB5 (una pagina ricca di informazioni è http://www.beyondlogic.org/nb5) o i modem della D-Link (vedi http://dlinkpedia.net/index.php/Dlinkpedia)

3.1 Soluzioni per Android

Android è nato per girare sui telefoni, per cui un qualsiasi telefono può essere usato come hardware di prova, anche se su alcuni si può lavorare meglio che su altri.

Teniamo presente però che anche per Android ci sono dei prodotti dedicati all'uso di ambiente di sviluppo; spesso schede di questo tipo supportano anche Linux (e a volte è disponibile pure l'ambiente di sviluppo per Windows CE):

- http://www.e-consystems.com/alioth.asp una scheda di sviluppo pensata per applicazioni industriali, basata su architettura ARM (processore XScale PXA300), con supporto anche per Linux e WinCE;

- BeagleBoard http://beagleboard.org/, basata su architettura ARM Cortex A8;

- Atlas I Z7e, basata su architettura Cortex A9: informazioni sul sito http://www.iveia.com/hardware-solutions/processing-modules/atlas-i-z7e/;

- MPC8536-ADK, un prodotto FreeScale, basato su architettura PowerPC;

- http://www.armdesigner.com/KIT%20S5PV210.html è una bella e completa scheda di sviluppo per architettura ARM

Per l'interazione con Android, sia su schede dedicate che su dispositivi commerciali, si usa `adb`, che, su sistemi host Linux deve essere configurato come segue:

- collegare il dispositivo fisico (telefono, tablet o altro) tramite il cavo USB

- attivare "USB Debugging" (Settings > Applications > Development > USB Debugging) o "Debug USB" (Impostazioni > Applicazioni > Sviluppo > Debug USB)

- configurare Linux per riconoscere il dispositivo USB:

    - creare il file `/etc/udev/rules.d/51-android.rules`

N.s.A — Note su Android per sistemi embedded

– aggiungere la linea

```
SUBSYSTEM=="usb", SYSFS{idVendor}=="dddd", MODE="0666"
```

dddd rappresenta il codice del produttore del dispositivo collegato, che si può trovare tramite lsusb. Ad esempio:

```
$ lsusb
...
Bus 001 Device 007: ID 1004:618e LG Electronics, Inc.
...
```

In questo caso il valore da sostituire a dddd è 1004. Si riporta una tabella degli identificativi tratta dal sito ufficiale per lo sviluppo su Android http://developer.android.com:

Produttore	USB ID
Acer	0502
Dell	413c
Foxconn	0489
Garmin-Asus	091E
HTC	0bb4
Huawei	12d1
Kyocera	0482
LG	1004
Motorola	22b8
Nvidia	0955
Pantech	10A9
Samsung	04e8
Sharp	04dd
Sony Ericsson	0fce
ZTE	19D2

– udev dovrebbe riaggiornare le regole: nel dubbio, si può lanciare il comando udevadm control --reload-rules oppure il comando restart udev

• a questo punto il dispositivo è riconosciuto; si può verificare tramite il comando adb devices che mostra i dispositivi:

```
$ adb devices
List of devices attached
80A354043042191355 device
```

Nel caso non venga riconosciuto il dispositivo, si può riavviare il daemon adb con il comando adb kill-server e staccare e riattaccare il dispositivo. Un esempio di file di configurazione è il seguente:

```
/etc/udev/rules.d# cat 91-android.rules
SUBSYSTEM=="usb", SYSFS{idVendor}=="1004", MODE="0666"
SUBSYSTEM=="usb", SYSFS{idVendor}=="0955", MODE="0666"
```

predisposto per il riconoscimento del telefono LG Optimus One (codice produttore 1004) e del netbook Toshiba AC100 (codice produttore 0955, Nvidia, in quanto tale netbook è basato sul chip Nvidia Tegra).

Un normale telefono, o comunque un dispositivo standard, è sufficiente per sviluppare applicazioni: nel caso si voglia un maggiore controllo su di esso, è necessario accedere allo stesso come "root".

In breve, un dispositivo standard non lascia fare all'utente tutto quello che vuole per impedirgli di fare troppi danni. In termini tecnici, l'utente non ha l'accesso "root" sul dispositivo; se vogliamo tale possibilità esistono dei programmini abbastanza semplici che ci danno tale accesso: `z4root` è uno di questi. Non sempre funziona la prima volta, e il dispositivo deve essere in modalità debug (Settings > Applications > Development > USB Debugging o Impostazioni > Applicazioni > Sviluppo > Debug USB). Al termine il dispositivo si riavvia, e se tutto è andato bene, tra le applicazioni compare una nuova icona "SuperUser".

Capitolo 4

Il boot

All'accensione la prima cosa che un dispositivo esegue sono delle istruzioni che si trovano ad uno specifico indirizzo di memoria. Quale sia questo particolare indirizzo dipende dall'hardware: di solito nel datasheet del processore ci sono informazioni in merito, e molto spesso c'è una minima configurabilità, via hardware, di questo indirizzo. In ogni modo questa è una informazione che dobbiamo in qualche modo ricavare dalla documentazione.

In breve:

All'avvio c'è la seguente sequenza:

- **accensione**

- **parte il bootloader**

- **parte il kernel**

- **parte il programma init**

- **parte il nostro user space (Linux o Android)**

Ma quale programma viene eseguito, ovvero che programma carichiamo nel nostro dispositivo per essere eseguito subito dopo il boot?

Tale programma di solito si chiama **bootloader**, il cui compito è esclusivamente quello di inizializzare, se necessario, le risorse hardware e poi far partire il nostro sistema operativo, ovvero far partire il kernel.

Poiché questa funzionalità è generica, lo stesso bootloader può far partire diversi sistemi operativi, nel nostro caso particolare può far partire sia il nostro ambiente Linux che il nostro ambiente Android. In linea di massima le operazioni che fa il bootloader in un sistema embedded sono:

- inizializzazione dell'hardware: in particolare della CPU, del controller della memoria, di eventuale altro hardware richiesto;

- far partire il kernel passando gli opportuni parametri (che vengono memorizzati dal bootloader in flash);

- leggere e scrivere la memoria, ad esempio per caricare un nuovo kernel da rete e scriverlo nella flash locale;

- in fase di sviluppo consente di solito di far partire un kernel caricato via rete; molto comodo quando si è nella fase iniziale del lavoro ed il kernel non è molto stabile.

4.1 U-Boot

Sono disponibili vari bootloader, uno dei più usati è U-Boot, disponibile presso: http://www.denx.de/wiki/U-Boot/WebHome.

Il nome reale del progetto è Das U-Boot, rilasciato con licenza GPL e coordinato da Wolfgang Denk. U-Boot fornisce un supporto per moltissime schede e CPU: PowerPC, ARM, XScale, MIPS, Coldfire, e x86. Si può configurare facilmente con un giusto compromesso tra caratteristiche e dimensione del programma. Precursore del progetto era 8xxROM, un boot loader per sistemi PowerPC 8xx, di Magnus Damm rinominato PPCBoot da Wolfgang Denk quando il progetto venne portato in Sourceforge nel 2000, perché Sourceforge non ammette che l'iniziale del nome del progetto sia un numero.

Grazie alla comunità di sviluppatori, PPCBoot fu presto disponibile per nuove architetture: il nome PPCBoot iniziava a diventare poco adatto, per cui il progetto fu ritirato e comparve "Das U-Boot".

4.1.1 Configurazione e compilazione

Compilare U-Boot per un sistema supportato è molto facile. Dopo aver scaricato il software i comandi sono:

```
$ cd u-boot
$ make mrproper
$ make <board>_config
```

dove <board> corrisponde al nome della scheda per la quale si vuole compilare U-boot: questo configura i parametri relativi a scheda

e CPU. Il seguente esempio è relativo ad una particolare scheda per
Android:

- scaricare i sorgenti

  ```
  # git clone git://gitorious.org/pandaboard/u-boot.git
  ```

- compilare

  ```
  # cd u-boot
  # make distclean
  # make ARCH=arm CROSS_COMPILE=android-src/prebuilt/linux-x86/
      toolchain/arm-eabi-4.4.3/bin/arm-eabi-  TQM823L_config
  # make hkdkc100_config
  # make
  ```

- se non ci sono errori, il file compilato è u-boot.bin, di circa
  130K.

Si può personalizzare la configurazione per il proprio dispositivo
editando il file di configurazione include/configs/<board>.h. Ecco
alcune opzioni d'esempio che si potrebbero voler cambiare:

```
/* Serial port configuration */
#define CONFIG_BAUDRATE         115200
#define CFG_BAUDRATE_TABLE      { 9600, 19200, 115200 }

/* Network configuration */
#define CONFIG_IPADDR           10.0.0.77
#define CONFIG_NETMASK          255.255.255.0
#define CONFIG_SERVERIP         10.0.0.7
```

Il CONFIG_SERVERIP è l'indirizzo IP del server che U-boot usa per
TFTP and NFS. Questo indirizzo si può impostare durante il funzionamento e memorizzare in flash. Le opzioni sono descritte in
u-boot/README.

Il comando per la compilazione effettiva è

```
$ make
```

Il caricamento del bootloader deve essere eseguito con qualche
strumento preesistente: potrebbe essere un programmatore JTAG,
un altro bootloader già presente, un'altra versione di U-Boot. Attenzione a questi ultimi due casi, perché se si commette un errore la scheda diventa inutilizzabile ed è necessario ricorrere ad un
programmatore JTAG esterno!

4.1.2   Prime operazioni

U-boot, appena partito, inizializza tra le altre cose un canale di comunicazione con l'esterno, di solito una linea seriale, funzionante alla
velocità impostata nel codice, in modalità N81. Per comunicare con
U-boot serve ovviamente un software di comunicazione seriale sul
proprio computer. L'interfaccia di U-boot è una linea di comando
simile ad una shell di Linux:

```
U-Boot 2008.10-svn595 (Feb 21 2011 - 10:52:11) MPC512X
CPU:   MPC5121e rev. 2.0, Core e300c4 at 399.999 MHz
DRAM:  RAMBOOT 128 MB
NAND:  128 MiB
In:    serial
Err:   serial
=>
```

Questi messaggi iniziali dicono la versione di U-boot, la quantità
di RAM e di Flash e che stiamo lavorando su linea seriale. Il comando
help dà una lista dei comandi disponibili:

```
=> help
?        - alias for 'help'
askenv   - get environment variables from stdin
autoscr  - run script from memory
base     - print or set address offset
bdinfo   - print Board Info structure
boot     - boot default, i.e., run 'bootcmd'
bootd    - boot default, i.e., run 'bootcmd'
bootm    - boot application image from memory
bootp    - boot image via network using BOOTP/TFTP protocol
clocks   - print clock configuration
cmp      - memory compare
coninfo  - print console devices and information
cp       - memory copy
crc32    - checksum calculation
date     - get/set/reset date & time
dhcp     - boot image via network using DHCP/TFTP protocol
diufb init | addr - Init or Display BMP file
echo     - echo args to console
eeprom   - EEPROM sub-system
erase    - erase FLASH memory
exit     - exit script
ext2load- load binary file from a Ext2 filesystem
ext2ls   - list files in a directory (default /)
fatinfo  - print information about filesystem
fatload  - load binary file from a dos filesystem
fatloadh- load intel-hex file from a dos filesystem
fatloads- load srec file from a dos filesystem
fatls    - list files in a directory (default /)
fdt      - flattened device tree utility commands
```

```
flinfo  - print FLASH memory information
go      - start application at address 'addr'
help    - print online help
i2c     - I2C sub-system
icrc32  - checksum calculation
iloop   - infinite loop on address range
imd     - i2c memory display
iminfo  - print header information for application image
imls    - list all images found in flash
imm     - i2c memory modify (auto-incrementing)
imw     - memory write (fill)
imxtract- extract a part of a multi-image
inm     - memory modify (constant address)
iprobe  - probe to discover valid I2C chip addresses
itest   - return true/false on integer compare
loadb   - load binary file over serial line (kermit mode)
loads   - load S-Record file over serial line
loady   - load binary file over serial line (ymodem mode)
loop    - infinite loop on address range
md      - memory display
mii     - MII utility commands
mm      - memory modify (auto-incrementing)
mtest   - simple RAM test
mw      - memory write (fill)
nand - NAND sub-system
nboot   - boot from NAND device
nfs     - boot image via network using NFS protocol
nm      - memory modify (constant address)
ping    - send ICMP ECHO_REQUEST to network host
printenv- print environment variables
protect - enable or disable FLASH write protection
rarpboot- boot image via network using RARP/TFTP protocol
reginfo - print register information
reset   - Perform RESET of the CPU
run     - run commands in an environment variable
saveenv - save environment variables to persistent storage
setenv  - set environment variables
sleep   - delay execution for some time
test    - minimal test like /bin/sh
tftpboot- boot image via network using TFTP protocol
USB sub-system
usbboot - boot from USB device
version - print monitor version
=>
```

Il comando bdinfo dà ulteriori informazioni sull'hardware della scheda:

```
=> bdinfo
memstart    = 0x00000000
memsize     = 0x00000000
```

N.s.A — Note su Android per sistemi embedded

```
flashstart  = 0x00000000
flashsize   = 0x00000000
flashoffset = 0x00000000
sramstart   = 0x00000000
sramsize    = 0x00000000
bootflags   = 0x00000001
intfreq     = 399.999 MHz
busfreq     = 199.999 MHz
ethaddr     = 00:AA:BB:CC:DD:EE
IP addr     = 10.0.0.11
baudrate    = 115200 bps
=>
```

4.1.3 Variabili d'ambiente

Il funzionamento di U-boot è controllato da una serie di variabili
d'ambiente, simili a quelle di una shell di Linux. I comandi per
vedere e modificare queste variabili sono:

```
=> printenv
baudrate=19200
ethaddr=00:40:95:36:35:33
netmask=255.255.255.0
ipaddr=10.0.0.11
serverip=10.0.0.1
stdin=serial
stdout=serial
stderr=serial
=> setenv serverip 10.0.0.2
=> printenv serverip
serverip=10.0.0.2
```

Si possono creare variabili d'ambiente che contengono una sequenza di comandi separati da ';': tale sequenza di comandi si può eseguire
col comando run.

4.1.4 Comandi di rete

U-boot supporta la gestione della rete: questo facilita molto le cose
in fase di sviluppo dato che le varie versioni di kernel possono essere
compilate e memorizzate nel proprio PC e caricate direttamente da
lì, anche su più schede di sviluppo diverse.

I protocolli supportati sono TFTP e NFS: TFTP è il "Trivial
FTP", una versione ridotta di FTP che non richiede autorizzazione.
Il comando tftp richiede solo 2 parametri: il nome del file da scaricare
e l'indirizzo di memoria dove scriverlo. Ad esempio:

```
=> tftp 8000 u-boot.bin
From server 10.0.0.1; our IP address is 10.0.0.11
Filename 'u-boot.bin'.
Load address: 0x8000
```

```
Loading: ##################
done
```

4.1.5 Comandi per la Flash

I dispositivi embedded di solito usano la Flash per memorizzare i
programmi. U-boot ha vari comandi per gestire tale memoria, ad
esempio:

```
=> flinfo
```

consente di ottenere varie informazioni sulla memoria flash installata.

Il comando

```
=> saveenv
Saving Environment to Flash...
Un-Protected 1 sectors
Erasing Flash...
   Erasing Sector 5 @ 0x01020000 ... done
Erased 1 sectors
Writing to Flash... ................ done
Protected 1 sectors
```

è molto comodo per salvare nella memoria flash la configurazione
corrente di U-boot, ovvero tutte le variabili d'ambiente impostate. Il
comando rende scrivibile un determinato settore di flash, la cancella,
ricopia i dati e la protegge da scrittura.

4.1.6 boot

Una volta che il bootloader è partito, ha configurato opportunamente
l'hardware, ha caricato il kernel, non resta che far partire il kernel
stesso! Di solito il kernel è compilato per essere eseguito da un determinato indirizzo di memoria, lo stesso che abbiamo usato quando lo
abbiamo caricato sulla scheda e lo stesso che usiamo per farlo partire
con il seguente comando:

```
=> bootm 1000000
```

e a questo punto il controllo della scheda passa al kernel!

Alcuni riferimenti in rete per U-Boot sono:

- http://sourceforge.net/projects/u-boot/;

- http://www.denx.de/twiki/bin/view/DULG/Manual U-boot e
  Linux;

- http://rfc.net/rfc1350.html il sito con le specifiche del protocollo TFTP.

4.2   Altri bootloader

BareBox http://www.barebox.org/ evoluzione di U-Boot;

RedBoot http://sourceware.org/redboot/;

Yamon http://www.linux-mips.org/wiki/YAMON usato su architetture MIPS.

Capitolo 5

Il kernel

Domanda:

Cos'è il kernel?

Linux è un **Sistema multitasking**, ciò significa che possono essere in esecuzione più programmi indipendenti nello stesso momento sulla stessa macchina: questo porta al grosso vantaggio di poter implementare le varie funzioni logiche presenti nel nostro progetto in programmi separati, ciascuno indipendente dagli altri; inoltre l'utente ha l'impressione che il processore stia facendo più cose in contemporanea.

Questo presenta un **problema**: ciascun programma (task) ha, dal suo punto di vista, il controllo di tutta la macchina, mentre in realtà le risorse di questa sono divise o in comune con altri programmi. Per conciliare le due cose esiste un programma molto particolare, il **kernel** che, essendo l'unico che ha il reale e completo controllo dell'hardware, si occupa di assegnare le varie risorse ai programmi che ne hanno bisogno, evitando conflitti tra gli stessi.

Facciamo subito notare che questo problema non è accademico, o riferito a particolari risorse: le prime e fondamentali risorse che devono essere condivise sono il processore e la memoria, ma anche gran parte dei dispositivi hardware saranno condivisi tra più processi.

In breve:

Il kernel simula per ogni task un accesso "esclusivo", a "processore" e "memoria", (e altre eventuali risorse "private"), mentre in realtà tali risorse sono condivise con altri.

Il kernel inoltre fornisce un'**astrazione** nella gestione delle risorse, ad esempio vi possono essere diversi tipi di dispositivi di input, ma le varie particolarità saranno gestite all'interno del kernel stesso, mentre ad alto livello sarà fornita una interfaccia d'accesso comune.

Ad esempio il cursore sullo schermo può essere controllato dal mouse, dal trackpad, da un joystick, ma alla fine tali dispositivi forniscono sempre due coordinate che individuano una posizione.

In breve:

**Il kernel ha il completo controllo delle risorse hardware e le assegna ai programmi che ne hanno bisogno, in modo da evitare conflitti.
Inoltre il kernel fornisce una "astrazione" dei vari dispositivi hardware in modo da nascondere le specificità di ciascuno.**

Esempio:

Risorsa condivisa: la memoria.

Esempio:

Astrazione: dispositivi di input.

Come è strutturato il kernel?

Nel progetto di un kernel vi possono essere diversi approcci, fra questi ne citiamo due contrapposti: l'approccio **modulare**, elegante e pulito (Minix, Mach), e l'approccio **monolitico** (Linux).

Abbiamo visto che i compiti di un kernel sono vari e diversi: si va dalla gestione delle risorse di calcolo del processore, della memoria disponibile, alla gestione dei più diversi dispositivi hardware: tastiera, mouse, touchscreen, schede video/LCD, schede di comunicazione (ethernet, usb, seriale ...).

Come nel sistema multitasking si adotta la politica di far fare a processi diversi compiti diversi, così il kernel può essere diviso in tante parti indipendenti, ciascuna incaricata di occuparsi di un aspetto particolare della gestione: questo è l'approccio **modulare**, adottato da alcuni sistemi operativi, mentre, al contrario, si può decidere di fare un singolo programma eseguibile che fa tutto quello che è necessario, ottenendo così un kernel **monolitico**.

In breve:

Kernel Monolitico: un software unico con dentro tutto quello che serve.

I moduli: kernel monolitico ma non troppo

I moduli sono parte integrante del kernel, ma hanno un meccanismo di caricamento dei driver "runtime", quindi facilmente modificabili e aggiornabili senza intervenire sul kernel.

Cosa scrivere come modulo e cosa inserire nel kernel è una scelta del programmatore: una regola di massima può essere che un modulo che gestisce una risorsa fondamentale val la pena compilarlo all'interno del kernel, mentre un modulo di gestione di una risorsa usata

solo occasionalmente può essere caricato a richiesta; in questo modo
si risparmia un po' di RAM e un po' di tempo al boot.

Altra situazione che richiede la presenza di un driver compilato
all'interno del kernel è il caso in cui sia necessario nella fase di boot
(quando non si sono ancora caricati i moduli).

Spesso in un ambiente embedded sono noti i dispositivi hardware
che saranno presenti e quindi si opta per un kernel monolitico senza
moduli esterni.

In breve:

Quali driver ci sono nel kernel? Attualmente Linux supporta un'infinità di schede: la cosa migliore è guardare il kernel
(vedi la parte dedicata alla compilazione
del kernel) per sapere cosa supporta. Se
l'hardware che ci interessa non è supportato, si può cercare in rete, anche se non
è incluso nel kernel standard, può essere
comunque disponibile.

5.1 Il kernel per Android

Android è basato su un kernel Linux, che deve essere scaricato e
compilato a parte dall'SDK. Il kernel deve essere compilato per il
processore del dispositivo su cui deve essere installato, quindi di solito
è necessario "crosscompilare", ovvero si compila su un PC host (ad
esempio i686) per un dispositivo target (ad esempio un ARM).

Per questo motivo è meglio compilare prima l'SDK di Android in
quanto esso fornisce tutti i tool di crosscompilazione necessari.

Il kernel di Android deriva da quello standard di Linux e lo si può
scaricare in maniera analoga:

```
$ git clone git://android.git.kernel.org/kernel/common.git android-kernel
$ cd android-kernel
$ git checkout origin/android-2.6.36
```

in questo caso viene scaricato il kernel di Android e viene fatto
il checkout di una particolare versione: come si vede i sorgenti sono
mantenuti con git, come per il kernel standard. Per l'uso di git si
può fare riferimento alla documentazione in merito (o alla sezione
"Git" per una panoramica molto veloce).

In realtà prima di procedere è meglio verificare bene cosa si riesce a trovare in rete: esistono vari porting su diverse schede. Ad esempio:

```
$ git clone git://android.git.kernel.org/kernel/msm.git
```

ci consente di avere la versione per la scheda Qualcomm MSM. Con il comando

```
$ git branch -a
  remotes/origin/HEAD -> origin/android-msm-2.6.27
  remotes/origin/android-msm-2.6.25
  remotes/origin/android-msm-2.6.27
  remotes/origin/android-msm-2.6.29
  remotes/origin/android-msm-2.6.29-donut
  remotes/origin/android-msm-2.6.29-nexusone
  remotes/origin/android-msm-2.6.32
  remotes/origin/android-msm-2.6.32-nexusonec
  remotes/origin/android-msm-htc-2.6.25
  remotes/origin/android-msm8k-2.6.29
  remotes/origin/msm-2.6.25
```

si può vedere quali sono i branch attivi nel repository scaricato, e con il comando

```
$ git checkout origin/archive/android-msm-2.6.27
```

si seleziona di lavorare in un determinato branch. In questo esempio lavoriamo sul branch relativo al kernel 2.6.27, nella versione per chipset MSM. Per verificare il branch in cui ci si trova, si dà il comando

```
$ git branch
```

Se si trova un kernel idoneo alle nostre esigenze predisposto per l'uso con Android, siamo nella situazione ideale in cui dobbiamo semplicemente configurarlo e compilarlo. Può però capitare che non sia disponibile una tale soluzione.

Il kernel per Android non è molto diverso da quello standard, tanto che a volte si parla di una possibile integrazione delle modifiche per Android nel kernel principale. Dovendo dunque preparare un nostro kernel, la cosa più semplice è prendere un kernel Android già pronto ed il corrispondente kernel (ovvero la stessa versione) vanilla, quello standard ufficiale, ed eseguire un diff tra le due versioni:

```
$ diff -rupN vanilla/ android/ > should-apply-this.patch
```

La versione di kernel scelta dovrà essere il più possibile vicina a quella su cui stiamo lavorando e su cui vogliamo applicare le patch per Android: una volta ottenuto l'elenco di tutte le modifiche applicate col comando precedente non resta che applicarle ai nostri sorgenti, sperando non vi siano molti conflitti.

5.2 Crosscompilatore

Prima di procedere alla compilazione del kernel è necessario predisporre l'uso del compilatore e delle relative utilità. Questo si può fare da terminale (o aggiungendo la configurazione nel proprio .bashrc):

```
$ export ARCH=arm
$ export CROSS_COMPILE=android-src/prebuilt/linux-x86/toolchain/
  arm-eabi-4.4.3/bin/arm-eabi-
```

In questo caso si predispone la compilazione per piattaforma ARM, e si definisce dov'è il compilatore che si usa (android-src è la directory dove è stato installato e compilato l'SDK di Android.

5.3 Configurazione

A questo punto è necessario configurare il kernel, tramite il comando:

```
$ make menuconfig
```

Il kernel è basato su quello standard di Linux, per cui per la struttura, le opzioni e le istruzioni di compilazione si può fare riferimento alla documentazione standard di Linux, in particolare per le opzioni di interesse generale. Comunque, sono presenti alcune configurazioni predefinite; nel nostro caso ad esempio si può semplicemente dare il comando

```
make msm_defconfig
```

Questo sostanzialmente copia il file di configurazione nella top directory del kernel, nel file .config. Le opzioni impostate si possono guardare con:

```
$ cat .config
```

Avendo a disposizione un dispositivo Android, si può verificare quali erano le opzioni usate per compilare il kernel con il comando:

```
$ adb pull /proc/config.gz .
$ gunzip config.gz
```

Il file config (espanso con gunzip) può essere usato per compilare un nostro kernel con le stesse opzioni del kernel installato sul dispositivo semplicemente copiandolo nella directory di lavoro dove stiamo compilando il kernel e rinominandolo .config.

Le opzioni possono anche essere configurate direttamente nel file .config, ma è necessario sapere bene quello che si fa: di solito è preferibile usare la procedura di configurazione semigrafica attraverso il comando make menuconfig in quanto classifica le varie opzioni di compilazione e tiene conto di eventuali dipendenze o incompatibilità tra le stesse.

5.4   Compilazione

Una volta configurato, lo si compila con:

```
$ make
```

se tutto va bene, l'immagine del kernel si trova in `arch/arm/boot/zInage`. La directory specifica dipende da qual è l'architettura per cui si è compilato.

Capitolo 6

Linux

Questa parte non è una guida alla programmazione su Linux, ma vuole essere una raccolta di alcune tecniche che potrebbero essere utili, e non solo in sistemi embedded. Un riferimento per varie informazioni su Linux ed Android in sistemi embedded è http://elinux.org. Vi sono anche siti che fanno riferimento a specifiche architetture, come http://developer.mips.com/ dedicato alle architetture MIPS.

 In breve:

Linux è difficile da gestire? In Linux vi sono molte cose, che ciascuno può ritenere utili sapere o meno. La difficoltà dipende da cosa si vuol fare e da quale base si parte, sia di conoscenza personale, che di strumentazione: esistono delle schede, come quelle della http://www.acmesystems.it, con ottima documentazione. Poi la difficoltà dipende dal tipo di applicativo che una persona deve fare più che da Linux.

6.1 Prestazioni

È sempre utile avere un'idea di quanto sta lavorando il nostro sistema, in particolare per poter stimare se è possibile aggiungere altre funzionalità, se è necessario usare un hardware più potente, o se dobbiamo ottimizzare il software presente.

In questi casi ci viene in aiuto la directory /proc con alcune delle sue statistiche: ad esempio /proc/loadavg dà un output del tipo

```
# cat /proc/loadavg
0.13 0.08 0.07 1/198 5180
```

dove i primi 3 numeri indicano il numero medio di task in coda di attesa negli ultimi 1, 5, 15 minuti. Ovviamente più basso è il numero, meglio è, comunque sarebbe da mantenerlo sempre minore di 1. (gli altri numeri rappresentano il numero di processi running rispetto al numero totale di processi, e il PID dell'ultimo processo che risultava running)

Un'altra utilità è atsar (http://ftp.atcomputing.nl/pub/tools/linux/) che dà una statistica dell'utilizzo della CPU nell'intervallo di tempo dato, ad esempio:

```
# atsar -t 10 -u
...
16:41:32  cpu %usr  %sys  %nice  %idle
16:41:42  all   51    11      0     38
```

Indica il tempo medio di idle della CPU negli ultimi 10 secondi (vi sono poi varie altre opzioni per varie informazioni di altro tipo)

6.2 Argomenti da linea di comando

Convenzionalmente i comandi di Unix hanno la possibilità di ricevere opzioni da linea di comando, che consentono la modifica del comportamento del programma stesso: sostanzialmente si tratta di una configurazione dinamica.

La sintassi tipica delle opzioni è un '-' seguito da una lettera, o '- -' seguito da una parola.

```
# nomecomando -h
# nomecomando --help
```

Un codice di esempio di parsing della linea di comando è:

```
while ((c = getopt(argc, argv, "vdn")) != -1) {
  switch (c) {
  case 'v':
      // print version
      fprintf(stdout, "Compilation date: %s\n", version_date);
      exit(0);
      break;
  case 'n':
      daemon_mode = 0;
      break;
  case 'd':
```

```
      debug = 1;
      break;
  default:
      usage();
  }
}
```

La funzione getopt si occupa del parsing delle opzioni da una lettera, esiste poi una funzione getopt_long che esegue il parsing delle opzioni corte e lunghe (man getopt, man getopt_long: a differenza del solito c'è anche un esempio).

6.3 Comunicazione tra processi

6.3.1 Filtri

L'uso dei filtri rende molto flessibile la combinazione di programmi diversi, purché pensati secondo certi criteri:

- gestione dell'input da stdin

- output su stdout

- input e output "lineare"

- configurabili via opzioni da linea di comando

```
# program > output_file.txt
# program | filter
# program > output_file.txt 2>&1
# program 2>&1 | filter
# CO_CODE='grep -v "#" nomefile | head -n 1'
# wget -O - pippo.itx/xx 2>&1 | grep "Host not found"
```

ad esempio:

```
WGET="wget -O - "
RET='$WGET pippo.itx/xx 2>&1'
RET_ERROR='echo $RET | grep "Host not found"'
if [ "$RET_ERROR" != "" ] ; then
    echo
    echo HOST NOT FOUND
    #echo $RET_ERROR
    exit 10
fi
```

Abbiamo visto:

- > redirezione dello stdout su file

- 2> redirezione dello stderr su file

- 2>&1 redirezione dello stderr su stdout

- | pipe

- >> redirezione dello stdout su file aperto in modalità "append"

L'idea di base di Unix è quella di avere una serie di programmi
che fanno tutto ciò che serve, cioè che implementano la logica delle
operazioni, e poi usarli con l'interfaccia preferita: in modalità testo,
senza troppo contorno, ma anche utilizzando una interfaccia grafica,
che chiama il programma con le opportune opzioni, gli fa fare quello
che serve, legge i risultati e li mostra graficamente; ad esempio df
e kdf (programma che mostra l'uso del disco), mkisofs, cdrecord e
k3b (programma di masterizzazione).

6.3.2   Processi e thread

- Thread: stesso eseguibile, stessa memoria (facilità scambio dati)

- Processi: eseguibili diversi, memoria separata (overhead iniziale, a meno di ottimizzazioni del kernel)

Comando ps per la visualizzazione dei processi.
Comando nice: priorità dei processi.
Creazione dei processi: fork e exec.

```
#include <stdio.h>
#include <sys/types.h>
#include <unistd.h>
int main ()
{
    pid_t child_pid;
    printf("ID processo %d\n", (int) getpid ());
    child_pid = fork ();
    if (child_pid != 0) {
        printf("Processo padre con id %d\n", (int) getpid ());
        printf("Il processo figlio lanciato ha ID %d\n", (int) child_pid);
    } else
        printf("processo figlio con id %d\n", (int) getpid ());
    return 0;
}
```

6.3.3   Segnali

Meccanismo elementare di comunicazione tra task: invio di un codice
convenzionale. La lista dei codici è in /usr/include/asm/signal.h

```
/*!
 * initialize signals
 */
static void init_signals(void)
{
    struct sigaction sa;

    memset(&sa, 0, sizeof(sa));
    sa.sa_handler = SIG_IGN;
```

```
    sigaction(SIGALRM, &sa, NULL);
    sa.sa_handler = reinit;
    sigaction(SIGHUP, &sa, NULL);
    sa.sa_handler = prepare_exit;
    sigaction(SIGTERM, &sa, NULL); // segnale mandato dal kill
    sa.sa_handler = prepare_exit;
    sigaction(SIGINT, &sa, NULL);
}
```

6.3.4 Memoria condivisa

Accesso molto veloce, da arbitrare in maniera opportuna tramite semafori (ipcs, ipcrm).

```
id = shmget(key, DIMENSIONE, IPC_CREAT)
address = shmat(*id,0,0);
shmdt(address);
```

Arbitraggio

```
static int semcall(int sid, int op)
{
    struct sembuf sb;

    sb.sem_num = 0;
    sb.sem_op = op;
    sb.sem_flg = 0;

    // LD_SYSLOG_DEBUG(LOG_DEBUG,"semcall: 0x%X\n",sid);

    return (semop(sid,&sb,1));
} /* semcall */

...

id = semget(key, 1, IPC_CREAT);
semctl(key, 0, IPC_RMID, ignored_argument);

semcall(sid,-1); // wait
semcall(sid, 1); // signal
```

6.3.5 Pipe

Dal punto di vista del programma, si tratta di aprire/chiudere, leggere/scrivere su file.

Abbiamo pipe con nome (su filesystem) e senza nome (ad esempio usati quando si esegue il fork di un programma)

```
sprintf(command, "/usr/sbin/etagfilter %s", filename);
syslog(LOG_INFO, "invoke_command command '%s'", command);
f = popen (command, "r");
```

```
if (!f) {
    sprintf(dest, "FAILED invoking %s", command);
    syslog(LOG_INFO, dest);
    (void) fprintf( stderr, dest);
} else {
    nread = 0;
    for (;;) {
        l = fread(&(dest[nread]), 1, max_size, f);
        nread += l;
        /* ... */
        if (feof(f))
            break;
    }
}
```

6.3.6 Socket

L'uso dei socket per la comunicazione interprocesso è un metodo che può essere usato sia in locale, all'interno della stessa macchina, che in remoto, tra macchine fisicamente lontane. Per l'uso in locale risulta essere un canale di comunicazione con l'overhead inutile dato dall'uso dello stack TCP/Ip. D'altro canto, se il programma è diviso in vari moduli che comunicano in questo modo, il passaggio ad un modello distribuito avviene con uno sforzo minimo, il che può essere un ottimo investimento!

Vediamo qual'è l'idea base dell'uso dei socket: la sequenza delle operazioni varia leggermente a seconda che si tratti del client o del server. Per il primo abbiamo:

- creare il socket: `socket`

- connettere il socket all'indirizzo corretto: `connect`

- inviare i dati: `send`

- leggere la risposta: `read`

- chiudere il file descriptor: `close`

Il client comunica con un server, che rimane in attesa di comandi. In questo caso abbiamo una fase di inizializzazione:

- creare il socket: `socket`

- collegare il socket a un indirizzo/porta: `bind`

- mettersi in ascolto sul socket: `listen`

Una volta inizializzato il socket, si ha un file descriptor, sul quale arrivano le richieste del client. Quando arrivano, le operazioni da fare sono:

- mettersi in lettura dei dati: `accept`, che ritorna un nuovo file descriptor per leggere i dati.

- leggere i dati dal nuovo file descriptor: `recv` o `read`

- scrivere i dati sul nuovo file descriptor: `send` o `write`

- chiudere il nuovo file descriptor: `close`

6.4 Librerie

Tipicamente sono in `/lib`, `/usr/lib`, `/usr/local/lib`, ma possono trovarsi in altre directory, purché le si indichino esplicitamente. Il nome della libreria usa delle estensioni standard che ne indicano il tipo:

.a statica

.so dinamica (segue anche un numero di versione)

Entrambe hanno vantaggi e svantaggi, che andiamo a vedere molto brevemente. Per le librerie statiche:

- il nome finisce per `.a`

- sono incluse nell'eseguibile del programma

- il programma è indipendente da oggetti esterni

- la sua installazione non richiede particolari procedure (basta copiare l'eseguibile)

mentre per quelle dinamiche:

- il nome finisce in `.so`

- stesso concetto delle DLL

- non sono incluse nel codice del programma, ma caricate dinamicamente: se vengono usate da più programmi si risparmia spazio

- se vengono modificate non è necessario ricompilare il programma (tutti i programmi che le usano vengono aggiornati: a volte è ciò che si vuole, altre no!)

- il programma deve essere installato con le sue librerie, se non sono già presenti nel sistema

Creazione di librerie statiche: un archivio contenente i file oggetto, inserito nel codice eseguibile finale in fase di link.

N.s.A — Note su Android per sistemi embedded

```
libsyslib.a: syslib.o hash.o
        ar rc libsyslib.a syslib.o hash.o
        ranlib libsyslib.a
```

Libreria dinamica: archivio di file oggetto, che possono essere caricati in maniera dinamica durante l'esecuzione, anche da più eseguibili diversi.

Opzione **PIC** per generare codice indipendente dalla posizione.

```
gcc -shared -fPIC -o libdyn.so test1.o test2.o
```

Caricamento dinamico della libreria:

- primo livello di dinamicità: la libreria viene linkata al programma; sostanzialmente viene linkato solo l'indice della libreria, mentre l'effettivo caricamento delle funzioni avviene runtime.

- secondo livello: in fase di link non viene linkato nemmeno l'indice: sia il caricamento dell'indice che del codice effettivo avviene runtime:

```
void* handle = dlopen("libdyn.so", RTLD_LAZY);
void (*test)() = dlsym(handle, "func");
(*test)();
dlclose (handle);
```

ldd comando per verificare quali sono le librerie dinamiche compilate in un programma.

Capitolo 7

Android

7.1 Cos'è Android

Il progetto Android è nato da una piccola ditta, la Android Inc., fondata nel 2003 e rilevata nel 2005 da Google, che portò avanti lo sviluppo con un gruppo di compagnie, la Open Handset Alliance, fondata nel 2007, http://www.openhandsetalliance.com/. Ora il gruppo include compagnie, sia software, che telefoniche, che produttori di hardware: fra i più famosi partecipanti all'alleanza troviamo: Google, Docomo, Telecom, Vodafone, Acer, Asus, Dell, HTC, LG, Lenovo, Nec, Sony, ARM, Freescale, Intel, Nvidia, e molte altre!

Si tratta di una distribuzione per dispositivi mobili, ed include il sistema operativo e le applicazioni tipiche necessarie a dispositivi come telefoni e pad. Android:

- è basato su Linux

- NON è un sistema Posix

- usa una libreria C dedicata (bionic)

- usa Java come ambiente di sviluppo

- NON è compatibile con J2SE

- la macchina virtuale, Dalvik, è ottimizzata per essere eseguita in istanze multiple, usando poche risorse, sia di RAM che di batterie

- Dalvik è una macchina virtuale basata su registri (non su stack)

Un sito per iniziare a documentarsi è http://android.com.

Android per partire ha bisogno di un bootloader generico e di un kernel, basato su quello di Linux, ma con alcune modifiche. I sorgenti di Android si possono scaricare presso il sito di riferimento http://source.android.com/.

Stanno uscendo anche progetti derivati da Android, non controlati da Google, come http://replicant.us/.

7.2 I sorgenti

Ovviamente, oltre a scrivere applicazioni, è possibile modificare il sistema base, dal kernel alle applicazioni precaricate, scaricando e compilando il progetto Android completo (formalmente "The Android Open Source Project" - AOSP). Questa parte è documentata in http://source.android.com/source/download.html, sito di riferimento, come pure http://source.android.com/porting/build_system.html.

Il meccanismo di gestione dei sorgenti usato da Google fa uso di Repo e Git (si veda http://source.android.com/source/git-repo.html e il capitolo relativo per una veloce introduzione). Per installare `repo` è sufficiente scaricare un file, da rendere eseguibile, e archiviarlo in una directory inclusa nel PATH, ad esempio in `~/bin`: dopodiché basta avere a disposizione circa 6GB liberi.

```
$ cd ~/bin
$ curl http://android.git.kernel.org/repo > ~/bin/repo
$ chmod a+x ~/bin/repo
```

A questo punto si crea la directory che conterrà il nostro ambiente di lavoro, e si inizializza il repository:

```
$ cd ~
$ mkdir android-src
$ cd android-src
$ repo init -u git://android.git.kernel.org/platform/manifest.git
```

Questo inizializza il repository per scaricare il ramo (branch) principale (master). Per conoscere quali sono i rami disponibili

```
$ cd ~/android-src/manifest/
$ git branch -r
```

Ora la directory `android-src` contiene solo una directory `.repo`: per scaricare effettivamente i file sorgenti, bisogna dare il comando

```
$ repo sync
```

Nella nomenclatura di Android sono da tener presenti i seguenti livelli:

arch questo livello descrive qual è il processore, ovvero vi sarà un livello per l'architettura ARM, per x86, per 68k ...

board questo livello descrive l'hardware di base del dispositivo, a cui possono essere aggiunte periferiche diverse

device indica il livello che comprende i vari dispositivi, come la tastiera o lo schermo

product indica il livello a cui si specifica completamente un prodotto (processore, dispositivi presenti, moduli inclusi)

Per eseguire una compilazione generica:

```
$ cd $TOP_DIRECTORY
$ . build/envsetup.sh
$ choosecombo
$ make -j4 PRODUCT-generic-user
```

Nel passo `choosecombo` si possono lasciare tutte le opzioni di default.

Se il comando `make` dà questo errore:

```
Checking build tools versions...
build/core/main.mk:76: ***********************************************
build/core/main.mk:77: You are attempting to build on a 32-bit system
build/core/main.mk:78: Only 64-bit build environments are supported
                       beyond froyo/2.2.
build/core/main.mk:79: ***********************************************
build/core/main.mk:80: *** stop.  Stop.
```

significa che gli sviluppatori hanno scelto di compilare l'SDK su piattaforma 64bit, mentre probabilmente si sta lavorando su un sistema 32bit. Si può forzare la compilazione a 32 bit applicando la seguente patch, che sostanzialmente cambia il flag -m64 in -m32.

```
project build/
diff --git a/core/main.mk b/core/main.mk
index f761ba5..4ee4bf9 100644
--- a/core/main.mk
+++ b/core/main.mk
@@ -68,7 +68,7 @@ $(info Checking build tools versions...)

 ifeq ($(BUILD_OS),linux)
 build_arch := $(shell uname -m)
-ifneq (64,$(findstring 64,$(build_arch)))
+ifneq (i686,$(findstring i686,$(build_arch)))
 $(warning ************************************************)
 $(warning You are attempting to build on a 32-bit system.)
 $(warning Only 64-bit build environments are supported   \
         beyond froyo/2.2.)

project external/clearsilver/
diff --git a/cgi/Android.mk b/cgi/Android.mk
index 21c534b..37b8246 100644
--- a/cgi/Android.mk
+++ b/cgi/Android.mk
@@ -13,8 +13,8 @@ LOCAL_C_INCLUDES := $(LOCAL_PATH)/..
 LOCAL_CFLAGS := -fPIC

 # This forces a 64-bit build for Java6
-LOCAL_CFLAGS += -m64
-LOCAL_LDFLAGS += -m64
+LOCAL_CFLAGS += -m32
+LOCAL_LDFLAGS += -m32
```

```
LOCAL_NO_DEFAULT_COMPILER_FLAGS := true

diff --git a/cs/Android.mk b/cs/Android.mk
index 9f0e30a..275845d 100644
--- a/cs/Android.mk
+++ b/cs/Android.mk
@@ -9,8 +9,8 @@ LOCAL_C_INCLUDES := $(LOCAL_PATH)/..
 LOCAL_CFLAGS := -fPIC

 # This forces a 64-bit build for Java6
-LOCAL_CFLAGS += -m64
-LOCAL_LDFLAGS += -m64
+LOCAL_CFLAGS += -m32
+LOCAL_LDFLAGS += -m32

 LOCAL_NO_DEFAULT_COMPILER_FLAGS := true

diff --git a/java-jni/Android.mk b/java-jni/Android.mk
index 21b4fd1..c1d38d2 100644
--- a/java-jni/Android.mk
+++ b/java-jni/Android.mk
@@ -34,8 +34,8 @@ LOCAL_C_INCLUDES := \
 LOCAL_CFLAGS += -fPIC

 # This forces a 64-bit build for Java6
-LOCAL_CFLAGS += -m64
-LOCAL_LDFLAGS += -m64
+LOCAL_CFLAGS += -m32
+LOCAL_LDFLAGS += -m32

 LOCAL_NO_DEFAULT_COMPILER_FLAGS := true

diff --git a/util/Android.mk b/util/Android.mk
index 386f379..b694ef4 100644
--- a/util/Android.mk
+++ b/util/Android.mk
@@ -18,8 +18,8 @@ LOCAL_C_INCLUDES := $(LOCAL_PATH)/..
 LOCAL_CFLAGS := -fPIC

 # This forces a 64-bit build for Java6
-LOCAL_CFLAGS += -m64
-LOCAL_LDFLAGS += -m64
+LOCAL_CFLAGS += -m32
+LOCAL_LDFLAGS += -m32

 LOCAL_NO_DEFAULT_COMPILER_FLAGS := true
```

Se tutto si compila correttamente nella directory out è presente il filesystem con il sistema completo (senza kernel).

7.3   Android.mk

I sorgenti di Android hanno un meccanismo di compilazione controllato dai file Android.mk.

Si presenta la sintassi di questi file, utile per modificare e/o aggiungere nuovi elementi al progetto standard. Questa parte del materiale è derivata da http://yidonghan.wordpress.com/category/embedded-software/, di Yi Dong Han. Il file `Android.mk` è:

- una parte di un Makefile che sarà letta una o più volte durante la compilazione

- la sintassi è pensata per raggruppare i sorgenti in `moduli`, ovvero in una delle seguenti:

  - libreria statica
  - libreria dinamica

  Solo le librerie dinamiche vengono installate/copiate nel pacchetto applicazione: le librerie statiche possono essere usate per generare librerie dinamiche.

  Ogni file Android.mk può definire uno o più moduli, e gli stessi file sorgenti possono essere usati per più moduli.

- il meccanismo di compilazione calcola in automatico le dipendenze tra i file generati.

7.4 Interfaccia al kernel

Android è basato su Linux, e in particolare usa un kernel di Linux "quasi" standard, nel senso che sono aggiunte alcune patch ed alcune opzioni di compilazione. Supponendo di avere un kernel predisposto per Android, vediamo quali opzioni specifiche sono presenti nella configurazione (con riferimento al kernel 2.6.25):

General Setup - Enable Android's Shared Memory Subsystem
una opzione necessaria per la gestione della memoria: un possibile sintomo della sua mancanza è il processo `init` che muore all'avvio con signal 11, SIGSEGV

Device Driver - Android questo è un sottomenu che raccoglie delle opzioni dedicate ad Android

7.5 Driver video

Il sistema video di Android accede direttamente al framebuffer di Linux (http://source.android.com/porting/display_drivers.html) quindi il kernel predisposto per far girare Android deve fornire il driver apposito.

Android suppone che il kernel fornisca un dispositivo standard di framebuffer accessibile in `/dev/fb0` o `/dev/graphics/fb0`, a cui vi accede in modalità `rgb565`.

Una volta disponibile il dispositivo, Android implementa le finestre come oggetti `Surface`, che vengono trasferiti nel framebuffer da `SurfaceFlinger`, il gestore unico dello schermo (screen composer).

Ciascuna Surface è impostata su un doppio buffer, il primo dove avviene il disegno e il secondo dove avviene la composizione.

La funzione unlockCanvas(), quando chiamata, provoca lo scambio dei buffer, ovvero il buffer di disegno (back buffer) diventa il buffer di composizione (front buffer). Questo garantisce che il SurfaceFlinger abbia sempre un buffer pronto per la composizione, ed evita fastidiosi flicker nella grafica.

Android si aspetta che il driver fornisca:

- uno spazio lineare di memoria mappabile su cui scrivere

- supporto per il formato di pixel rgb_565

le operazioni che Android esegue per scrivere sul video sono:

- accedere a /dev/fb0 (o /dev/graphics/fb0) usando le ioctl opportune FBIOGET_FSCREENINFO e FBIOGET_VSCREENINFO per ottenere informazioni sul dispositivo

- usare la ioctl FBIOPUT_VSCREENINFO per creare un display virtuale di dimensione doppia rispetto alla dimesione reale (questo allo scopo di realizzare il double buffering direttamente nella memoria video) e per impostare il formato rgb_565. Se non c'è sufficiente memoria video, Android usa la memoria standard e copia i dati nella memoria video quando deve fare lo scambio di buffer.

- quando viene chiesto uno scambio dei 2 buffer, Android invoca una FBIOPUT_VSCREENINFO cambiando y-offset in modo da puntare all'altro buffer. Questa ioctl a sua volta chiama fb_pan_display per eseguire lo scambio effettivo.

- dopo aver allocato la memoria, Android usa mmap() per mappare la memoria nello spazio di memoria del processo. Tutte le scritture al framebuffer sono fatte tramite questa memoria mmappata.

In http://source.android.com/porting/display_drivers.html c'è un template per un driver di framebuffer: si deve intervenire in corrispondenza delle macro PGUIDE_FB... in modo da adattarle al proprio hardware.

```
/*
 * pguidefb.c
 *
 * Copyright 2007, The Android Open Source Project
 *
 * This program is free software; you can redistribute it and/or modify
 * it under the terms of the GNU General Public License version 2 as
 * published by the Free Software Foundation.
 */


/*
```

```
* ANDROID PORTING GUIDE: FRAME BUFFER DRIVER TEMPLATE
*
* This template is designed to provide the minimum frame buffer
* functionality necessary for Android to display properly on a new
* device.  The PGUIDE_FB macros are meant as pointers indicating
* where to implement the hardware specific code necessary for the new
* device.  The existence of the macros is not meant to trivialize the
* work required, just as an indication of where the work needs to be
* done.
*/

#include <linux/module.h>
#include <linux/kernel.h>
#include <linux/errno.h>
#include <linux/string.h>
#include <linux/slab.h>
#include <linux/delay.h>
#include <linux/mm.h>
#include <linux/fb.h>
#include <linux/init.h>
#include <linux/platform_device.h>


/* Android currently only uses rgb565 in the hardware framebuffer */
#define ANDROID_BYTES_PER_PIXEL 2

/* Android will use double buffer in video if there is enough */
#define ANDROID_NUMBER_OF_BUFFERS 2

/* Modify these macros to suit the hardware */

#define PGUIDE_FB_ROTATE
/* Do what is necessary to cause the rotation */

#define PGUIDE_FB_PAN
/* Do what is necessary to cause the panning */

#define PGUIDE_FB_PROBE_FIRST
/* Do any early hardware initialization */

#define PGUIDE_FB_PROBE_SECOND
/* Do any later hardware initialization */

#define PGUIDE_FB_WIDTH 320
/* Return the width of the screen */

#define PGUIDE_FB_HEIGHT 240
/* Return the heighth of the screen */

#define PGUIDE_FB_SCREEN_BASE 0
/* Return the virtual address of the start of fb memory */

#define PGUIDE_FB_SMEM_START PGUIDE_FB_SCREEN_BASE
/* Return the physical address of the start of fb memory */

#define PGUIDE_FB_REMOVE
/* Do any hardware shutdown */

struct pguide_fb {
```

```
  int rotation;
  struct fb_info fb;
  u32cmap[16];
};

static inline u32 convert_bitfield(int val, struct fb_bitfield *bf) {
  unsigned int mask = (1 << bf->length) - 1;
  return (val >> (16 - bf->length) & mask) << bf->offset;
}


/* set the software color map.  Probably doesn't need modifying. */
static int
pguide_fb_setcolreg(unsigned int regno, unsigned int red, unsigned int green,
  unsigned int blue, unsigned int transp, struct fb_info *info) {
  struct pguide_fb *fb = container_of(info, struct pguide_fb, fb);

  if (regno < 16) {
    fb->cmap[regno] = convert_bitfield(transp, &fb->fb.var.transp) |
      convert_bitfield(blue, &fb->fb.var.blue) |
      convert_bitfield(green, &fb->fb.var.green) |
      convert_bitfield(red, &fb->fb.var.red);
    return 0;
  } else {
    return 1;
  }
}

/* check var to see if supported by this device.  Probably doesn't
 * need modifying.
 */
static int pguide_fb_check_var(struct fb_var_screeninfo *var,
                               struct fb_info *info) {
  if((var->rotate & 1) != (info->var.rotate & 1)) {
    if((var->xres != info->var.yres) ||
      (var->yres != info->var.xres) ||
      (var->xres_virtual != info->var.yres) ||
      (var->yres_virtual >
      info->var.xres * ANDROID_NUMBER_OF_BUFFERS) ||
      (var->yres_virtual < info->var.xres )) {
        return -EINVAL;
      }
    } else {
      if((var->xres != info->var.xres) ||
        (var->yres != info->var.yres) ||
        (var->xres_virtual != info->var.xres) ||
        (var->yres_virtual >
        info->var.yres * ANDROID_NUMBER_OF_BUFFERS) ||
        (var->yres_virtual < info->var.yres )) {
        return -EINVAL;
      }
    }
    if((var->xoffset != info->var.xoffset) ||
      (var->bits_per_pixel != info->var.bits_per_pixel) ||
      (var->grayscale != info->var.grayscale)) {
      return -EINVAL;
    }
  return 0;
}
```

N.s.A — Note su Android per sistemi embedded

```
/* Handles screen rotation if device supports it. */
static int pguide_fb_set_par(struct fb_info *info) {
  struct pguide_fb *fb = container_of(info, struct pguide_fb, fb);
  if(fb->rotation != fb->fb.var.rotate) {
    info->fix.line_length =
      info->var.xres * ANDROID_BYTES_PER_PIXEL;
    fb->rotation = fb->fb.var.rotate;
    PGUIDE_FB_ROTATE;
  }
  return 0;
}

/* Pan the display if device supports it. */
static int pguide_fb_pan_display(struct fb_var_screeninfo *var,
                                 struct fb_info *info) {
  struct pguide_fb *fb    __attribute__ ((unused))
    = container_of(info, struct pguide_fb, fb);

/* Set the frame buffer base to something like:
   fb->fb.fix.smem_start + fb->fb.var.xres *
   ANDROID_BYTES_PER_PIXEL * var->yoffset
*/
  PGUIDE_FB_PAN;

  return 0;
}

static struct fb_ops pguide_fb_ops = {
  .owner          = THIS_MODULE,
  .fb_check_var   = pguide_fb_check_var,
  .fb_set_par     = pguide_fb_set_par,
  .fb_setcolreg   = pguide_fb_setcolreg,
  .fb_pan_display = pguide_fb_pan_display,

  /* These are generic software based fb functions */
  .fb_fillrect    = cfb_fillrect,
  .fb_copyarea    = cfb_copyarea,
  .fb_imageblit   = cfb_imageblit,
};

static int pguide_fb_probe(struct platform_device *pdev) {
  int ret;
  struct pguide_fb *fb;
  size_t framesize;
  uint32_t width, height;

  fb = kzalloc(sizeof(*fb), GFP_KERNEL);
  if(fb == NULL) {
    ret = -ENOMEM;
    goto err_fb_alloc_failed;
  }
  platform_set_drvdata(pdev, fb);

  PGUIDE_FB_PROBE_FIRST;
  width = PGUIDE_FB_WIDTH;
  height = PGUIDE_FB_HEIGHT;
```

```
fb->fb.fbops= &pguide_fb_ops;

/* These modes are the ones currently required by Android */

fb->fb.flags= FBINFO_FLAG_DEFAULT;
fb->fb.pseudo_palette= fb->cmap;
fb->fb.fix.type= FB_TYPE_PACKED_PIXELS;
fb->fb.fix.visual = FB_VISUAL_TRUECOLOR;
fb->fb.fix.line_length = width * ANDROID_BYTES_PER_PIXEL;
fb->fb.fix.accel= FB_ACCEL_NONE;
fb->fb.fix.ypanstep = 1;

fb->fb.var.xres= width;
fb->fb.var.yres= height;
fb->fb.var.xres_virtual= width;
fb->fb.var.yres_virtual= height * ANDROID_NUMBER_OF_BUFFERS;
fb->fb.var.bits_per_pixel = 16;
fb->fb.var.activate= FB_ACTIVATE_NOW;
fb->fb.var.height= height;
fb->fb.var.width= width;

fb->fb.var.red.offset = 11;
fb->fb.var.red.length = 5;
fb->fb.var.green.offset = 5;
fb->fb.var.green.length = 6;
fb->fb.var.blue.offset = 0;
fb->fb.var.blue.length = 5;

framesize = width * height *
  ANDROID_BYTES_PER_PIXEL * ANDROID_NUMBER_OF_BUFFERS;
fb->fb.screen_base = PGUIDE_FB_SCREEN_BASE;
fb->fb.fix.smem_start = PGUIDE_FB_SMEM_START;
fb->fb.fix.smem_len = framesize;

ret = fb_set_var(&fb->fb, &fb->fb.var);
if(ret)
  goto err_fb_set_var_failed;

PGUIDE_FB_PROBE_SECOND;

ret = register_framebuffer(&fb->fb);
if(ret)
  goto err_register_framebuffer_failed;

return 0;

err_register_framebuffer_failed:
err_fb_set_var_failed:
kfree(fb);
err_fb_alloc_failed:
return ret;
}

static int pguide_fb_remove(struct platform_device *pdev) {
  struct pguide_fb *fb = platform_get_drvdata(pdev);

  PGUIDE_FB_REMOVE;

  kfree(fb);
```

```
    return 0;
}

static struct platform_driver pguide_fb_driver = {
  .probe= pguide_fb_probe,
  .remove= pguide_fb_remove,
  .driver = {
    .name = "pguide_fb"
  }
};

static int __init pguide_fb_init(void) {
  return platform_driver_register(&pguide_fb_driver);
}

static void __exit pguide_fb_exit(void) {
  platform_driver_unregister(&pguide_fb_driver);
}

module_init(pguide_fb_init);
module_exit(pguide_fb_exit);

MODULE_LICENSE("GPL");
```

7.6   Sequenza di boot

Vediamo una panoramica della sequenza di boot di Android, di cui poi approfondiremo i vari passi: questa parte è ispirata all'interessante (http://yidonghan.wordpress.com/category/embedded-software/), blog scritto da Steve Guo, in particolare l'articolo "Talking about Android Initialization Process".

All'accensione del dispositivo la sequenza degli eventi è simile a quella di un qualsiasi dispositivo, embedded o no: il primo programma ad avere il controllo è il bootloader, di cui si è già parlato, che effettua l'inizializzazione dei vari componenti hardware e fa partire il kernel.

L'avvio di Android vero e proprio inizia come in un Linux standard, dal lancio di un programma init (da questo punto in poi la sequenza di operazioni e programmi di Linux ed Android sono abbastanza diversi).

- il primo processo lanciato dal kernel è /init o /sbin/init, i cui sorgenti si trovano in src-android/system/core/init/init.c, e che si occupa di inizializzare il sistema di log ed eseguire quanto scritto nel file di configurazione di init (punto successivo)

- eseguire le azioni elencate nel file /init.rc o /sbin/init.rc e in /init.%hardware%.rc:

  - azioni indicate come early-init
  - inizializzazione di device, creazione nodi, socket
  - inizializzazione di proprietà di sistema (variabili in memoria condivisa)

N.s.A — Note su Android per sistemi embedded

   – inizializzazione del "property service"

   – esecuzione delle azioni "early-boot" e "boot"

Il programma init attende poi in un loop ed esegue azioni
sincronizzate da eventi: ad esempio se un processo di quelli
fondamentali muore lo rilancia (ed esegue le eventuali azioni
richieste), se vi sono eventi come l'inserimento di una memoria
esterna può eseguire determinate azioni.

Alcuni dei programmi lanciati da una configurazione di default
sono: console, servicemanager, vold, vtsd, zygote, bootanim,
installd, dbus, ethmonitor, keystore.

- console si tratta della shell disponibile via seriale

- adbd il server per adb

- servicemanager fa partire il sistema binder

- vold è l'Android Volume Daemon

- vtsd (src-android/hardware/vtsd/vtsd.c) accede al touchscreen (da /dev/uinput

- zygote, la macchina virtuale Java dalvikvm

- SystemServer (src-android/frameworks/base/services/java/com/
  android/server/SystemServer.java), lanciato da Zygote, e servizi richiamati da questo; il main richiama il metodo init1 in
  src-android/frameworks/base/cmds/system_server/library/
  system_init.cpp
  che inizializza SurfaceFlinger. init1 a sua volta chiama il
  metodo init2 di SystemServer, che lancia i vari servizi Java.

- bootanimation (i cui sorgenti si trovano nell'albero dei sorgenti, in src-android/frameworks/base/cmds/bootanimation)
  mostra un'animazione al boot usando primitive OpenGL ES (i
  file dell'animazione si possono trovare in ./frameworks/base/
  core/res/assets/images/, android-logo-mask.png e nel file
  android-logo-shine.png.

7.7 init

Dopo il boot del kernel viene avviato init che si trova in /init
e utilizza il file di configurazione /init.rc, i cui sorgenti sono in
src-android/system/core/init/.

L'eseguibile init viene chiamato dal kernel, per cui nel caso si
voglia cambiarne la posizione, è nesessario intervenire sui sorgenti
del kernel: un altro posto convenzionale in cui spesso il kernel cerca
il file init è /sbin/init.

Questo è il processo che avvia il sistema Android e tutti i servizi
necessari. Mostra l'immagine del logo iniziale caricata da un file il
cui nome è hardcoded in init.h

```
#define INIT_IMAGE_FILE "/initlogo.rle"
```

Questo è un file in formato **rle**, ovvero contiene una sequenza di numeri a 16 bit, a coppie, dove il primo numero è un contatore, il secondo numero il colore, codificato nel formato **rgb_565**, e l'immagine viene scritta direttamente nel framebuffer inizializzato dal kernel (questo viene fatto nel file **src-android/system/core/init/logo.c**).

Per poter caricare una immagine qualsiasi bisogna prima riscalarla alla dimensione effettiva dell'LCD, convertirla in formato RGB raw, ad esempio usando l'utilità **convert** di ImageMagick:

```
convert -depth 8 input.png rgb:output.raw
```

l'opzione **-depth** 8 si può omettere essendo il default: sostanzialmente ogni colore deve essere rappresentato con 8 bit, ovvero ogni pixel è rappresentato da 3 byte (24 bit).

Per passare dal formato **rgb raw** al formato **rle**, si può usare un'utilità come la seguente:

```
/*
 * Copyright (C) 2008 The Android Open Source Project
 *
 * Licensed under the Apache License, Version 2.0 (the "License");
 * you may not use this file except in compliance with the License.
 * You may obtain a copy of the License at
 *
 *      http://www.apache.org/licenses/LICENSE-2.0
 *
 * Unless required by applicable law or agreed to in writing, software
 * distributed under the License is distributed on an "AS IS" BASIS,
 * WITHOUT WARRANTIES OR CONDITIONS OF ANY KIND, either express or implied.
 * See the License for the specific language governing permissions and
 * limitations under the License.
 */

#include <stdio.h>
#include <stdlib.h>
#include <unistd.h>
#include <string.h>

#define to565(r,g,b) \
    (((((r) >> 3) << 11) | (((g) >> 2) << 5) | ((b) >> 3))

// For LITTLE ENDIAN
//#define swap(x)

// For BIG ENDIAN
#define swap(x) x = (((x&0xff)<<8)|(x>>8))

void to_565_raw(void)
{
    unsigned char in[3];
    unsigned short out;

    while(read(0, in, 3) == 3) {
        out = to565(in[0],in[1],in[2]);
        write(1, &out, 2);
```

```
    }
    return;
}

void to_565_rle(void)
{
    unsigned char in[3];
    unsigned short last, color, count;
    unsigned total = 0;
    count = 0;

    unsigned short aus1;
    unsigned short aus2;

    while(read(0, in, 3) == 3) {
        color = to565(in[0],in[1],in[2]);
        if (count) {
            if ((color == last) && (count != 65535)) {
                count++;
                continue;
            } else {
        aus1 = swap(count);
        aus2 = swap(last);
        write(1, &aus1, 2);
        write(1, &aus2, 2);
        total += count;
            }
        }
        last = color;
        count = 1;
    }
    if (count) {
        write(1, &count, 2);
        write(1, &last, 2);
        total += count;
    }
    fprintf(stderr,"%d pixels\n",total);
}

int main(int argc, char **argv)
{
    if ((argc > 1) && (!strcmp(argv[1],"-rle"))) {
        to_565_rle();
    } else {
        to_565_raw();
    }
    return 0;
}
```

In questa fase del boot sono disponibili le macro ERROR, NOTICE e
INFO:

```
#define ERROR(x...)    log_write(3, "<3>init: " x)
#define NOTICE(x...)   log_write(5, "<5>init: " x)
#define INFO(x...)     log_write(6, "<6>init: " x)

#define LOG_DEFAULT_LEVEL  3   /* log messages <= this level */
```

che possono essere usate per mostrare messaggi di vario livello di gravità: di default sono visualizzati sulla console solo i messaggi di ERROR (livello 3), ma è sufficiente cambiare il livello LOG_DEFAULT_LEVEL per vedere anche NOTICE (livello 5) o INFO (livello 6).

Il codice di init.c include anche le chiamate al profiler bootchart, si veda http://bootchart.org. Questa è una utilità che fornisce parecchie informazioni sulla fase di boot: quali processi partono, in che sequenza cronologica, quanto tempo è dedicato a ciascuno. Per usare questo strumento è necessario attivarlo, ovvero compilare il file init.c con la variabile d'ambiente INIT_BOOTCHART=true, ovvero:

```
$ make INIT_BOOTCHART=true ... tutte le altre opzioni ...
```

oltre a questo serve un file /data/bootchart-start contenente un numero, che rappresenta per quanti secondi si desidera fare il profiling: echo 120 > /data/bootchart-start.

I dati vengono salvati nella directory /data/bootchart da archiviare

```
cd /data/bootchart
tar -czf bootchart.tgz *
```

ed il file risultante viene interpretato da un applet Java che produce un file grafico con i diagrammi richiesti:

```
java -jar bootchart.jar bootchart.tgz
```

A questo punto non ci resta che fare l'analisi del risultato!

7.7.1 init.rc

I programmi e i servizi che partono dopo init sono descritti nel file /init.rc.

Per personalizzare il file di inizializzazione init.rc, si può modificare il file src-android/vendor/amcc/canyonlands/init.rc, che è il prototipo usato per costruire il file finale nel caso in cui si compili per canyonlands, ovvero

```
make ... TARGET_PRODUCT=canyonlands
```

La sintassi del file è definita da Android (la documentazione ufficiale si trova in src-android/system/core/init/readme.txt) e sono presenti quattro diversi tipi di istruzioni: Actions, Commands, Services, and Options.

Le direttive sono stringhe separate da spazi bianchi, eventualmente si può usare la barra rovescia o le virgolette per inserire uno spazio bianco in una stringa. La barra rovescia può essere usata a fine linea, per continuare l'istruzione alla riga successiva.

Il commento è segnalato con il carattere '#'.

Le Actions e Services dichiarano una nuova sezione: ogni comando appartiene all'ultima sezione dichiarata (comandi che precedono la prima dichiarazione di sezione sono ignorati).

Le Actions e i Services devono avere un nome unico.

Actions

Le Actions sono sequenze di comandi raccolte con un nome; esse
hanno un trigger che viene usato per determinare quando l'Action
deve essere eseguita. Il trigger è attivato da un evento, a seguito del
quale l'Action è aggiunta ad una coda di azioni da eseguire.

Ciascuna Action è poi tolta dalla coda in sequenza e ciascun comando dell'Action è eseguito in sequenza. Nelle Action ci possono
essere anche creazioni di device, impostazione di proprietà, riavvio
di processi.

Le Actions sono nella forma:

```
on <trigger>
   <command>
   <command>
   <command>
```

Services

Services sono programmi che init esegue e, opzionalmente, riavvia se
terminano. La sintassi è:

```
service <name> <pathname> [ <argument> ]*
   <option>
   <option>
   ...
```

Options

Options sono dei modificatori per i Services, su come e quando vengono eseguiti:

critical un servizio critico: se il servizio termina più di 4 volte in 4
   minuti, il dispositivo si riavvia in modalità recovery

disabled il servizio non viene fatto partire automaticamente

setenv <name> <value> imposta la variabile d'ambiente nel processo che viene lanciato

socket <name> <type> <perm> [<user> [<group>]] crea
   un socket Unix chiamato /dev/socket/<name> e passa il suo file descriptor al processo lanciato. <type> deve essere "dgram"
   o "stream" Utente e gruppo di default sono 0

user <username> cambia l'utente prima di eseguire questo servizio.

group <groupname> [<groupname>]* cambia il gruppo prima di eseguire il servizio

oneshot non fa ripartire il processo se termina

class <name> specifica un nome di classe per il servizio. Tutti i
servizi in una classe possono essere fatti partire/fermati assieme. Se il nome della classe non è specificato, lo si considera
"default"

onrestart esegue un comando quando un servizio è fatto ripartire

Triggers

I Trigger sono stringhe che possono rispecchiare il nome di certi eventi
e sono usati per generare certe azioni.

boot questo è il primo trigger lanciato da init dopo che ha eseguito
il file init.rc

<name>=<value> trigger di questo tipo capitano quando la proprietà <name> è impostata al valore <value>

device-added-<path>

device-removed-<path> i Trigger in questa forma capitano quando un device è aggiunto o tolto

service-exited-<name> i Trigger di questa forma capitano quando un servizio esce

Commands

I comandi supportati sono in `src-android/system/core/init/builtins.c`

exec <path> [<argument>]* esegue il programma <path>. Questo è bloccante fino a quando il programma non esce: attenzione
a non bloccare il processo di init in questo modo!

export <name> <value> imposta la variabile d'ambiente globale
<name> al valore <value>

ifup <interface> attiva l'interfaccia <interface>

import <filename> importa un altro file di configurazione

hostname <name> imposta l'hostname

chmod <octal-mode> <path> cambia i permessi di un file

chown <owner> <group> <path> cambia proprietario e gruppo di un file

class_start <serviceclass> fa partire i servizi di una classe

class_stop <serviceclass> ferma i servizi di una classe

domainname <name> imposta il domainname

insmod <**path**> installa il modulo <path>

mkdir <**path**> [**mode**] [**owner**] [**group**] crea una directory con dati modo, proprietario e gruppo. il default sono permessi 755, con proprietario e gruppo root.

mount <**type**> <**device**> <**dir**> [<**mountoption**>]* tenta di montare un dispositivo. Può essere nella forma mtd@name per specificare un dispositivo mtd block <mountoption> possono essere "ro", "rw", "remount", "noatime", ...

setprop <**name**> <**value**> imposta una proprietà di sistema

setrlimit <**resource**> <**cur**> <**max**> imposta l'rlimit per una risorsa

start <**service**> fa partire un servizio

stop <**service**> ferma un servizio

symlink <**target**> <**path**> crea un link simbolico

sysclktz <**mins_west_of_gmt**> imposta l'orologio base (0 indica che il tempo è GMT)

trigger <**event**> trigger di un evento, usato per mettere in coda un'altra azione

write <**path**> <**string**> [<**string**>]* apre e scrive su un file

Properties

Init aggiorna alcune proprietà di sistema a mano a mano che procede:

init.action impostata al valore dell'azione in esecuzione

init.command impostata al valore del comando in esecuzione

init.svc.<**name**> indica lo stato di un servizio ("stopped", "running", "restarting")

Un esempio

Non si tratta di un esempio funzionante, ma di vari blocchi per mostrare la sintassi

```
on boot
   export PATH /sbin:/system/sbin:/system/bin
   export LD_LIBRARY_PATH /system/lib

   mkdir /dev
   mkdir /proc
   mkdir /sys

   mount tmpfs tmpfs /dev
```

```
mkdir /dev/pts
mkdir /dev/socket
mount devpts devpts /dev/pts
mount proc proc /proc
mount sysfs sysfs /sys

write /proc/cpu/alignment 4

ifup lo

hostname localhost
domainname localhost

mount yaffs2 mtd@system /system
mount yaffs2 mtd@userdata /data

import /system/etc/init.conf

class_start default

service adbd /sbin/adbd
    user adb
    group adb

service usbd /system/bin/usbd -r
    user usbd
    group usbd
    socket usbd 666

service zygote /system/bin/app_process -Xzygote /system/bin --zygote
    socket zygote 666

service runtime /system/bin/runtime
    user system
    group system

on device-added-/dev/compass
    start akmd

on device-removed-/dev/compass
    stop akmd

service akmd /sbin/akmd
    disabled
    user akmd
    group akmd
```

7.8 Grafica

Il primo output grafico, di solito il logo di Android, avviene nella prima fase del boot inviando direttamente l'immagine in formato rle al framebuffer; dopo di questo, la grafica utilizza OpenGL ES, inizializzato da SurfaceFlinger in src-android/frameworks/base/libs/ surfaceflinger. L'inizializzazione e la scrittura effettiva su framebuffer viene eseguita nel file /src-android/ frameworks/base/libs/ ui/EGLDisplaySurface.cpp (in particolare si fa riferimento alle due funzioni chiamate l'una `EGLDisplaySurface::mapFrameBuffer()` e l'altra `EGLDisplaySurface::swapBuffers()`).

Per testare se OpenGL ES funziona correttamente, si può usare il demo `src-android/frameworks/base/opengl/tests/angeles`: di default questo esempio non viene compilato ma è sufficiente commentare la linea
`#LOCAL_MODULE_TAGS := optional` presente in `Android.mk` e il file eseguibile viene compilato e messo in `/system/bin`.

7.9 Zygote

Le applicazioni di Android sono scritte in Java, interpretato dalla macchina virtuale Dalvik. Tale macchina virtuale è implementata nel processo **zygote**, che ottimizza l'uso delle risorse: ogni applicazione è eseguita nella sua macchina virtuale, separata dalle altre, ma controllata da Zygote, che gestisce le risorse comuni. Zygote:

- crea la macchina virtuale Java

- carica le librerie native per la macchina virtuale

- chiama la funzione principale nella classe Java `com.android.internal.os.ZygoteInit` (sorgenti `src-android/framework/base/core/java/android/com/android/internal/os/ ZygoteInit.java`)

- carica la classe ZygoteInit

- registra il socket zygote (`/dev/socket/zygote`)

- carica le classi indicate in
  `src-android/framework/base/preloaded-classes`

- carica le risorse preloaded

- chiama `Zygote::forkSystemServer` (sorgenti `src-android/dalvik/vm/InternalNative.c`) per eseguire un fork di un nuovo processo. Questo chiama la funzione principale della classe `com.android.server.SystemServer` (`src-android/framework/base/services/java/com/android/server/ systemServer.java`)

- carica `libandroid_servers.so`

- chiama la funzione init1, che chiama `system_init`, che a sua volta chiama `init2` presente in `src-android/frameworks/base/cmds/system_server/library/system_init.cpp`

- infine Zygote si mette in attesa di comandi su un socket (numero di socket: 666 ... chissà perché ... :-) a cui arriveranno le richieste per far partire le altre applicazioni. Il socket viene creato da init e in `src-android/system/core/init/init.c:publish_socket` viene creata la variabile d'ambiente (`ANDROID_SOCKET_zygote`) che poi Zygote usa per accedere al socket.

Zygote viene eseguito in modalità "select loop mode", ovvero attende istruzioni per far partire altre applicazioni (si veda run-SelectLoopMode()). Le nuove richieste sono memorizzate nel vettore **peers**, ed eseguite dalla funzione **runOnce()** (che si trova nel file **frameworks/base/core/java/com/android/internal/os/ ZygoteConnection.java**)

Zygote viene lanciato dal programma **init**, con la seguente configurazione di init.rc:

```
service zygote /system/bin/app_process -Xzygote /system/bin \
                         --zygote --start-system-server
   socket zygote stream 666
   onrestart write /sys/android_power/request_state wake
   onrestart write /sys/power/state on
```

l'eseguibile in questione si chiama **app_process**, ma una volta lanciato, compare in **ps** col nome **zygote**. I sorgenti dell'applicazione si trovano in **frameworks/base/cmds/app_process/app_main.cpp**.

7.10 Il System Server

Il **SystemServer** è la prima applicazione Java che viene lanciata da Zygote non appena la macchina virtuale Dalvik è pronta: fa partire alcuni servizi di Android. Questi sono scritti direttamente nel codice presente nella directory: **frameworks/base/services/java/com/android/ server/SystemServer.java**.

Zygote chiama la prima funzione di inizializzazione **init1** che inizializza i servizi nativi, come SurfaceFlinger ed AudioFlinger, dopodiché chiama la seconda funzione di inizializzazione **init2**, che fa partire i servizi essenziali:

- Entropy Service

- Power Manager

- Activity Manager

- Telephony Registry

- Package Manager

- Account Manager

- Content Manager

- System Content Providers

- Battery Service

- Hardware Service

- Alarm Manager

N.s.A — Note su Android per sistemi embedded

- Init Watchdog

- Sensor Service

- Window Manager

e i servizi addizionali:

- Status Bar

- Clipboard Service

- Input Method Service

- NetStat Service

- Connectivity Service

- Accessibility Manager

- Notification Manager

- Mount Service

- Device Storage Monitor

- Location Manager

- Search Service

- Checkin Service

- Wallpaper Service

- Audio Service

- Headset Observer

- Dock Observer

- Backup Service

- AppWidget Service

Ciascuno di questi servizi viene eseguito in un thread separato, con una sua macchina virtuale Dalvik, all'interno del processo del SystemServer. Alla fine del processo `SystemServer::init2` chiama la seguente funzione `ActivityManagerService.systemReady` per lanciare la prima activity lanciando l'intent `Intent.CATEGORY_HOME`.

7.11 Applicativi

Gli applicativi Android vengono installati tramite un pacchetto `apk`, che contiene tutte le informazioni necessarie al sistema. Dato un pacchetto `apk` con il seguente manifesto:

```
<?xml version="1.0" encoding="utf-8"?>
<manifest xmlns:android="http://schemas.android.com/apk/res/android"
    package="fg.butt"
    android:versionCode="1"
    android:versionName="1.0">
 <application android:icon="@drawable/icon"
          android:label="@string/app_name">
  <activity android:name=".Button1" android:label="@string/app_name">
   <intent-filter>
    <action android:name="android.intent.action.MAIN" />
    <category android:name="android.intent.category.LAUNCHER" />
   </intent-filter>
  </activity>
 </application>
</manifest>
```

se ne può lanciare l'esecuzione invocando l'**Activity Manager** da terminale con il seguente comando:

```
am start -a android.intent.action.MAIN -n fg.butt/fg.butt.Button1
```

Per capire quanto visto è necessario vedere come sono strutturate le applicazioni di Android:

- sono formate da uno o più componenti: activity, service, content provider, e broadcast receiver;

- ciascun componente ha una funzione e può essere attivato indipendentemente;

- il file manifesto deve dichiarare tutti i componenti e altre informazioni di contorno, come la versione di Android richiesta;

- risorse diverse dal codice, come le icone o le stringhe dovrebbero avere alternative, ad esempio per la localizzazione della lingua o per dispositivi diversi (telefoni o tablet).

Le applicazioni sono scritte in Java utilizzando l'SDK di Android (si tratta di un Java adattato alla piattaforma): l'ambiente di sviluppo, ad esempio Eclipse, si occuperà di gestire l'impacchettamento dell'applicativo, inclusa la generazione del file `AndroidManifest.xml`, e fornirà un file `apk` installabile in qualunque sistema Android compatibile con quanto dichiarato nel file `AndroidManifest.xml`.

Android è un sistema basato su un kernel Linux, quindi multitasking. Le applicazioni vengono eseguite ciascuna in un loro ambiente protetto, con un proprio utente, assegnato in maniera univoca dal sistema: tutte le risorse a cui l'applicazione deve accedere vengono rese accessibili a quel determinato utente. L'applicazione inoltre, essendo scritta in Java, ha bisogno di essere eseguita da una macchina virtuale: ognuna viene eseguita da una diversa macchina virtuale, in modo tale che gli ambienti di esecuzione siano completamente separati. Ricordiamo che Dalvik, la macchina virtuale Java di Android, è ottimizzata, fra le altre cose, proprio per poter eseguire in maniera efficiente tante istanze di se stessa.

Questo meccanismo consente di avete un sistema globalmente più stabile: ogni applicazione deve essere esplicitamente autorizzata ad accedere alle risorse di cui ha bisogno. Nel caso più applicazioni abbiano bisogno di condividere dati, si possono forzare ad avere lo stesso utente e la stessa macchina virtuale.

7.11.1   Activity

Ogni applicazione è formata da diversi componenti indipendenti: l'activity è uno di questi che corrisponde ad una schermata di interfaccia. Le activity danno all'utente un'idea unitaria dell'applicativo, ma in realtà sono veri e propri programmi diversi. Un'activity può lanciare un'altra activity dello stesso applicativo, ma anche un'activity di un applicativo diverso.

7.11.2   Service

Un servizio è un componente che viene eseguito in background, senza un'interfaccia utente. Altri componenti, come le activity, possono interfacciarsi ai service per interagire con essi.

7.11.3   Content provider

Il Content provider fornisce una interfaccia comune per accedere ai dati di cui l'applicazione ha bisogno: file nel sistema, dati nel database, risorse remote. Si possono usare anche per gestire dati privati all'interno dell'applicazione.

7.11.4   Broadcast receiver

Un Broadcast receiver è un componente che risponde ad eventi pubblici, ad esempio allo spegnimento dello schermo è associato un evento, oppure al termine di un download si può associare un evento. In linea di massima questo componente si occupa solo di ricevere l'evento e di passarlo a qualche altro componente.

7.11.5   Intent - interazione tra componenti

La parte interessante di Android è che ogni applicazione è costituita da componenti, e che ogni componente può essere chiamata da una qualsiasi applicazione! Questo è il motivo per cui le componenti devono essere dichiarare nel file `AndroidManifest.xml`, in modo che il sistema sappia quali sono i componenti disponibili e in quali applicazioni si trovano.

Dal punto di vista del programmatore, questo approccio modulare semplifica il lavoro dato che per gestire un contatto dell'agenda, è sufficiente chiamare il componente dedicato: il sistema richiama un'altra applicazione, ma dal punto di vista dell'utente si è trattato solo di un cambio di schermata.

La comunicazione tra componenti di applicazioni diverse viene gestita dal sistema, tramite messaggi, in quanto le applicazioni continuano a vivere in spazi separati l'uno dall'altro! Il messaggio con cui le componenti interagiscono viene chiamato **intent**.

Per le activity e i service, il messaggio rappresenta una azione da eseguire: nel caso l'azione preveda una risposta, anche questa viene restituita come un messaggio implementato come un intent.

Nel caso dei broadcast receiver, il messaggio ricevuto tramite un intent viene trasmesso a tutto il sistema.

Il componente **content provider** non viene attivato da un intent, ma da una richiesta da parte di un **ContentResolver**, che fa da intermediario con l'applicazione che richiede il contenuto.

Per attivare i vari componenti i metodi sono diversi:

activity attivata con un intent passato a `startActivity()` (non si attende risposta) o a `startActivityForResult()` (si attende una risposta).

service si comunica tramite un intent inviato con `startService` oppure collegandosi al servizio con `bindService()`.

broadcast si attiva mandando un intent tramite `sendBroadcast()` oppure `sendOrderedBroadcast()` o `sendStickyBroadcast()`.

content lo si può interrogare tramite un `ContentResolver` con la funzione `query()`.

7.11.6 Il file AndroidManifest

Il file `AndroidManifest.xml` è fondamentale per descrivere al sistema tutte le componenti disponibili nell'applicazione. Deve essere presente in ogni pacchetto, a livello di root. Tale file si occupa di:

- definire i permessi di cui l'applicazione ha bisogno (accesso all'agenda, alla rete);

- dichiarare il livello minimo di API richiesto;

- dichiarare dispositivi usati dall'applicativo (come la fotocamera o il bluetooth);

La dichiarazione delle componenti avviene come segue:

```xml
<?xml version="1.0" encoding="utf-8"?>
<manifest ... >
    <application android:icon="@drawable/app_icon.png" ... >
        <activity android:name="com.example.project.ExampleActivity"
                  android:label="@string/example_label" ... >
        </activity>
        ...
    </application>
</manifest>
```

L'elemento `application` raccoglie tutti i dati dell'applicazione: il suo attributo `android:icon` indica l'icona del programma; l'elemento `activity` dichiara una activity: l'attributo `android:name` indica il nome completo della sottoclasse `Activity` mentre l'attributo `android:label` indica un nome simbolico usabile dall'utente per specificare quella `activity`

I nomi degli elementi che indicano le activity di una applicazione sono:

- `<activity>`

- `<service>`

- `<receiver>`

- `<provider>`

7.11.7 Dichiarazione di funzionalità

Le varie activity vengono chiamate da una applicazione facendo riferimento al loro nome, ma la cosa più interessante è la possibilità di usare le `intent action`, ovvero, si individua l'azione che si vuole eseguire e la si richiede al sistema. Questo si prende l'incarico di trovare tra le activity registrate quella che è in grado di espletare la funzione richiesta. Nel caso ve ne sia più di una, si chiede all'utente quale eseguire.

Per far questo nel file manifest di ogni applicazione devono essere presenti dei filtri per gli intent, ovvero una dichiarazione di quali sono le funzionalità della particolare activity. Questo viene fatto tramite l'elemento `intent-filter`.

Ad esempio l'azione `ACTION_SEND` invia una e-mail: nel caso avessimo un applicativo che invia posta, dovremmo registrare l'intent filter in modo da poter rispondere ad intent del tipo `send`.

7.11.8 Dichiarazione di prerequisiti

La piattaforma Android viene usata su moltissimi dispositivi diversi, con diverse dotazioni hardware: per questo è utile indicare nel file manifest quali sono le caratteristiche hardware richieste dall'applicazione.

L'applicazione può anche controllare runtime se un particolare hardware è presente ed eventualmente abilitare o disabilitare alcune funzionalità.

schermo l'elemento `supports-screens` consente di specificare quali schermi vengono gestiti: Android prevede di categorizzare le dimensioni dello schermo in **small, normal, large, extra large** e in densità con **low density, medium density, high density, extra high density**. Tali caratteristiche possono essere usate dall'applicazione per scegliere, ad esempio, diversi tipi di interfaccia, o per scegliere diverse immagini.

input si possono richiedere particolari tipi di dispositivi di input: ci potrebbe essere una tastiera, o solo alcuni bottoni. Questo viene richiesto nell'elemento `uses-configuration`.

dispositivi potrebbero essere presenti fotocamera, GPS, altri sensori: se richiesti, questi dispositivi dovrebbero essere dichiarati in `uses-feature`.

versione software dichiarata in `uses-sdk`, indica quali API l'applicazione si aspetta di trovare.

Tutti queste richieste sono usate dall'Android Market per selezionare le applicazioni installabili su un particolare dispositivo.

7.11.9 Risorse

Un'applicazione, oltre al codice, ha bisogno di altre risorse, come immagini, suoni, testi: archiviandole in maniera separata dal codice abbiamo una più facile gestione degli aggiornamenti e delle diverse configurazioni (di lingua, di schermo).

Per ogni risorsa inclusa nel progetto dell'applicazione, l'SDK assegna un intero unico, tramite il quale fare riferimento alla risorsa, sia da codice che da file XML. Ad esempio per una immagine `immagine.png` salvata in `res/drawable` viene generato un identificativo `R.drawable.immagine` che si può usare all'interno dell'applicazione.

In questo modo risultano facilitate le localizzazioni dei messaggi, in quanto il sistema è in grado, in base alle impostazioni correnti, di modificare la directory dove cerca le stringhe da `res/value` a `res/value-it`.

7.12 Primi programmi

Appena partito il sistema, vengono eseguiti alcuni comandi base gestiti dal processo `android.process.acore`: questo processo fa partire tutte le applicazioni (tenute assieme per motivi di efficienza) che sono dichiarate appartenenti all'utente `android.uid.shared`, cioè che nel file `AndroidManifest.xml` hanno l'attributo definito in questo modo: `android:sharedUserId="android.uid.shared"`.

Un esempio di un insieme di tali programmi è il seguente:

- ./packages/apps/GoogleSearch

- ./packages/apps/Contacts

- ./packages/apps/Launcher

- ./packages/apps/GlobalSearch

- ./packages/providers/UserDictionaryProvider

- ./packages/providers/GoogleContactsProvider

N.s.A — Note su Android per sistemi embedded

- ./packages/providers/ApplicationsProvider

- ./packages/providers/ContactsProvider

7.13   Logging in C

In un sistema Android personalizzato può essere necessario introdurre
delle utilità di sistema specifiche di basso livello, scritte in C o in
C++. Allo scopo c'è una directory external in cui sono presenti
vari programmi. Per aggiungerne uno è sufficiente creare una nuova
directory e inserire 2 file: Android.mk e demo.c. Il file Android.mk,
che viene letto dal meccanismo di make di Android, contiene il nome
del file con il codice:

```
ifneq ($(TARGET_SIMULATOR),true)

LOCAL_PATH:= $(call my-dir)

include $(CLEAR_VARS)
LOCAL_SRC_FILES:= demo.c
LOCAL_MODULE := demo
LOCAL_STATIC_LIBRARIES := libcutils libc
include $(BUILD_EXECUTABLE)

endif  # TARGET_SIMULATOR != true
```

Essenzialmente la variabile LOCAL_SRC_FILES contiene l'elenco dei
file sorgenti da compilare: possono essere uno o più file, e non è
necessario inserire gli header file. La variabile LOCAL_MODULE indica
il nome del file eseguibile risultante: nell'immagine finale si troverà
un file /system/bin/demo, quindi il comando è presente nel PATH e
chiamabile da shell. Nel nostro caso l'esempio è il seguente:

```
/*
 * Demo: show logging tools
 */

#define LOG_TAG "demo"

#include <stdio.h>
#include <stdlib.h>
#include <stdarg.h>
#include <utils/Log.h>

int main(int argc, char *argv[])
{

    LOGI("Inizio ...\n");

    LOGI("Numero di argomenti: %d\n", argc);
```

```
    LOGI_IF((argc==1), "Numero di argomenti: UNO\n");

    LOGI_IF((argc==2), "Numero di argomenti: DUE\n");

    LOGE("Manca il codice!!!\n");

    LOGI("terminating");

    return 0;
}
```

che semplicemente mostra le utilità di logging. La definizione `#define LOG_TAG "demo"` dichiara l'etichetta che verrà usata nei successivi messaggi di logging, mentre `#include <utils/Log.h>` importa le definizioni necessarie. A questo punto sono a disposizione le macro `LOGV`, `LOGD`, `LOGI`, `LOGW`, `LOGE` per i vari tipi di messaggi: per ognuna di queste macro, è anche presente una analoga `LOGI_IF` che mostra il messaggio di logging solo se la condizione posta è vera.

I messaggi di log si possono vedere con il comando `logcat`.

Capitolo 8

Applicazioni

8.1 Server Web

Uno dei vantaggi di un sistema embedded basato su Linux è l'immediato accesso a tutte le librerie e funzionalità disponibili su Linux. In particolare Linux è nato come un sistema per lavorare in rete, ed il supporto della rete è sempre stato parte integrante del sistema.

D'altro canto assume sempre più interesse il controllo di un dispositivo tramite una interfaccia web, in modo tale che sia sufficiente avere un PC con un browser collegato via rete al dispositivo.

Questo semplifica moltissimo le problematiche di gestione dalla parte del PC, mentre dalla parte del dispositivo embedded è sufficiente prevedere un server web.

Questa soluzione è ottimale sotto molti punti di vista:

- non c'è la necessità di sviluppare una interfaccia grafica sul dispositivo embedded (parecchie risorse risparmiate)

- chiunque si può collegare con il proprio browser, senza la necessità di installare software dedicati

- il controllo del dispositivo può essere fatto da remoto

Si pone dunque il problema di vedere quali alternative offre il mercato ed il mondo del Software Libero relativamente a questa particolare risorsa: si presenta una carrellata di vari server web, con una veloce descrizione delle loro caratteristiche. Oltre a queste soluzioni ve ne sono anche di commerciali, oppure queste stesse soluzioni sono vendute in pacchetti in cui viene offerto sia supporto che personalizzazione del prodotto - sta a noi scegliere!

8.1.1 mini_httpd

Reperibile in http://www.acme.com, funziona anche su uClinux, supporta CGI, autenticazione, SSL, listato delle directory, logging, virtual host.

8.1.2 thttpd

Reperibile in http://www.acme.com, molto compatto, non supporta
SSL, compilabile su uClinux

8.1.3 appWeb

Reperibile in http://appwebserver.org/, è supportato commercial-
mente e si può acquistare un pacchetto di assistenza/personalizzazione:
è molto completo, con supporto SSL, CGI, PHP, moduli dinamici,
Embedded Server Pages (ESP) e Server-side Embedded JavaScript.
È compilabile su uClinux.

8.1.4 fnord

Reperibile in http://www.fefe.de/fnord/, molto compatto (13k sta-
tico, senza CGI, 18k con CGI), disponibile su uClinux.

8.1.5 Boa

Reperibile in http://www.boa.org, compilabile su uClinux, supporta
CGI, e PHP tramite CGI.

8.1.6 GoAhead

Reperibile in http://www.goahead.com, supporta CGI, SSL e ASP
per la gestione di pagine dinamiche.

8.1.7 Cherokee

Reperibile in http://www.0x50.org, supporta CGI, PHP, SSL.

8.1.8 Apache

Poi c'è sempre Apache, http://www.apache.org ... se qualcuno vo-
lesse metterlo su un dispositivo embedded!

8.1.9 Quale usare?

Diciamo che non ci sono conclusioni da trarre, nel senso che la scelta
dipende molto da ciò che si deve fare, dalla disponibilità di spazio
nel dispositivo embedded e dalle funzionalità da implementare. I
server della acme.com coprono molte esigenze (CGI, SSL) e sono
molto compatti: possono essere anche un ottimo punto di partenza
per costruire un server web adattato alle proprie esigenze, data la
compattezza del codice.

AppWeb o GoAhead possono essere una scelta interessante se è
necessario implementare pagine dinamiche con scripting server-size.

In un ambiente embedded può essere molto utile il supporto per
CGI, dato che molto probabilmente il nostro server web sarà usato

per controllare qualche dispositivo, e se abbiamo un metodo per interfacciarci ad un programma in C, o comunque per chiamare delle utilità esterne, abbiamo una grandissima flessibilità.

Ricordiamo inoltre che può essere molto utile l'uso di Javascript: dato che viene interpretato sul client, non appesantisce troppo il nostro server e dà molta flessibilità.

8.2 Installazione Server Web Sicuro

Abbiamo visto come installare un server web e delle librerie che implementino protocolli criptati (SSL): Questo ci consente di installare un server web con supporto SSL. Oltre al problema tecnico dell'installazione c'è però il problema dei certificati.

Per una introduzione ad SSL, a cos'è e a cosa serve, è consigliabile fare riferimento al sito ufficiale http://www.openssl.org. Molto brevemente:

- Dare una connessione sicura, in modo tale che un osservatore esterno non possa intercettare i dati che vengono scambiati con il server

- Autenticare il server, in modo che chi sta navigando sia sicuro dell'identità del server, cioè che non sia un server fittizio che sta cercando di rubare password e dati vari.

Per installare i certificati SSL serve:

- un sistema con Linux e la rete configurata

- il server web, ad esempio Apache 2.0.53

- la libreria SSL, OpenSSL 0.9.7e

8.2.1 Installazione OpenSSL

Il software potrebbe già essere installato nella macchina: per verificare è sufficiente vedere se il comando openssl esiste. In caso affermativo, la libreria è stata installata, di solito in /usr/local/openssl, altrimenti è necessario scaricare una versione da http://www.openssl.org ed installarla.

La procedura standard consiste nel:

```
$ ./config
$ make
$ make test
$ make install
```

come documentato nel file INSTALL presente nella distribuzione: questo installa la libreria in /usr/local/openssl

N.s.A — Note su Android per sistemi embedded

8.2.2   Installazione di Apache

Se Apache è presente si può lanciare `/usr/local/apache2/bin/httpd`
`-v` e si vede qualcosa del tipo: `Server Version:  Apache/2.0.53`
significa che Apache è installato. Resta da verificare che sia presente il
supporto per SSL, dando il comando `/usr/local/apache2/bin/httpd`
`-l` e verificando se c'è una linea del tipo `mod_ssl.c`.

Se non è presente `httpd` o manca il supporto per SSL, bisogna
scaricare ed installare i sorgenti di Apache (si può ottenere l'ultima
versione di Apache da http://www.apache.org) e attivare il supporto
SSL in compilazione:

`# ./configure --enable-ssl`

per lanciarlo poi si dà il comando

`/usr/local/apache2/bin/apachectl startssl`

In alternativa ad Apache si può usare un qualunque server che
supporti il protocollo SSL (come mini_httpd http://www.acme.com)

Meccanismo di autenticazione SSL

L'uso tipico di SSL, o se si preferisce, l'uso di SSL che in queste pagine
viene fatto, è la protezione della transazione da parte di persone non
autorizzate. Per far questo bisogna garantire due cose:

- che il server a cui siamo collegati sia effettivamente quello che
  noi pensiamo

- che i dati scambiati con il server non siano intercettati

Questo si ottiene usando certificati e firme digitali, in particolare:

- il server deve avere una chiave identificativa unica, generata dal
  server stesso

- la chiave deve essere firmata da qualche ente noto

8.2.3   Configurazione server

Prima di tutto è necessario modificare il file di configurazione di
Apache per abilitare SSL. È sufficiente aggiungere nel file di configurazione `httpd.conf`, di solito `/usr/local/apache2/conf/httpd.conf`
le linee seguenti, che sostanzialmente dicono dove trovare il file di
configurazione di SSL:

```
#
# Bring in additional module-specific configurations
#
<IfModule mod_ssl.c>
    Include conf/ssl.conf
</IfModule>
</pre>
```

N.s.A — Note su Android per sistemi embedded

SSL ha varie configurazioni, le impostazioni rilevanti da modificare nel file indicato alla sezione precedente sono:

Chiave privata del Server

```
SSLCertificateKeyFile /usr/local/apache2/conf/ssl.cert/serverkey.pem
```

Certificati del Server

```
SSLCertificateFile /usr/local/apache2/conf/ssl.cert/newcert.pem
```

8.2.4 Creazione Certificati

L'installazione di OpenSSL è completa di una serie di utilità per la gestione dei certificati; l'idea di base è di:

- creare una richiesta di certificato

- far firmare il certificato ad una authority

L'amministratore del server deve creare la chiave per il server e la richiesta di certificato usando il comando `CA.pl`

```
# /usr/local/openssl/misc/CA.pl -newreq
```

Questo crea una chiave privata criptata per il server e una richiesta di certificato, che vengono archiviati nel file `newreq.pem`.

La chiave del server è quella che viene spedita al browser durante la fase di configurazione: il file generato di default è protetto da una password, ma in questo modo la password deve essere fornita ogni volta che si fa partire il server. Questo non è molto pratico se il server web viene fatto partire da uno script, per cui è utile rimuovere la password

```
# rimuovi la password alla chiave del server
openssl rsa -in newreq.pem -out serverkey.pem
```

Da notare che il file risultante `serverkey.pem` è quello indicato dal file `ssl.conf`. Questo file contiene il certificato che può essere importato dal browser (in Firefox: Preferences, Advanced, Manage Certificates, Web Sites, Import) per riconoscere il server Apache senza alcun warning.

Firma dei Certificati

La chiave del server è di solito firmata da un ente noto: l'idea è che ciascun browser riconosce alcuni enti di certificazione (per esempio in Firefox si possono vedere in Edit, Preferences, Advanced, Manage Certificates, Authorities).

Affinché il server web sia riconosciuto, dovremmo far firmare il nostro certificato da una di queste autorità, ma la cosa costa: di

solito più l'ente è noto, più si paga, ma così si può mettere il logo
corrispondente sulle nostre pagine sicure.

Per testare il meccanismo si può comunque firmare il certificato da soli, costruendo un file per una Autorità di Certificazione
(Certification Authority) con lo script seguente:

```
## crea un CA
/usr/local/openssl/misc/CA.pl -newca
```

e firmando la chiave appena generata:

```
# firma la richiesta -> contiene il certificato
# e la chiave privata -> newcert.pem
# questo file puo' essere importato nel browser
/usr/local/openssl/misc/CA.pl -signreq
```

Questo genera il certificato del server, firmato da noi, e nel file di
configurazione ssl.conf si indicherà il file newcert.pem.

Usare una Autorità di Certificazione o firmarlo in casa?

Un certificato deve essere firmato da una Autorità di Certificazione (Certification Authority). È possibile diventare una Certification
Authority usando lo script presente nella libreria OpenSSL:

```
/usr/local/openssl/misc/CA.pl -newca
```

questo crea un Master Certificate, per firmare altri certificati. Il file demoCA/cacert.pem può essere importato nel browser (in Firefox:
Preferences, Advanced, Manage Certificates, Authorities, Import)
così da essere riconosciuti come Certification Authorities.

Questa soluzione va benissimo per distribuzioni di certificati in
ambito locale, o comunque controllato, quando non è necessario che i
nostri certificati vengano riconosciuti automaticamente da ogni browser.

8.2.5   In Breve

- installare la libreria SSL con lo script /usr/local/openssl/misc/CA.pl

- installare un web server con supporto per SSL: per Apache nel
  file di configurazione /usr/local/apache2/conf/httpd.conf aggiungere la sezione relativa a SSL

```
#
# Bring in additional module-specific configurations
#
<IfModule mod_ssl.c>
    Include conf/ssl.conf
</IfModule>
```

- creare i certificati necessari con il seguente script:

N.s.A — Note su Android per sistemi embedded

```
# Certificate creation example:

## crea un CA
/usr/local/openssl/misc/CA.pl -newca

# crea una richiesta (chiave privata criptata
# del server e richiesta) -> newreq.pem
/usr/local/openssl/misc/CA.pl -newreq

# rimuovi la password dalla chiave del serve
openssl rsa -in newreq.pem -out serverkey.pem

# firma la richiesta -> il file risultante (newcert.pem)
# contiene il certificato e la chiave privata
# questo file pu\'o essere importato dal browser
/usr/local/openssl/misc/CA.pl -signreq
```

- aggiungere il file `serverkey.pem` nel file di configurazione `sll.conf` in una riga del tipo:

  `SSLCertificateKeyFile /usr/local/apache2/conf/ssl.cert/serverkey.pem`

- aggiungere il file `newcert.pem` nel file di configurazione `sll.conf` in una riga del tipo:

  `SSLCertificateFile /usr/local/apache2/conf/ssl.cert/newcert.pem`

- fare partire Apache con supporto per SSL:

  `# /usr/local/apache2/bin/apachectl startssl`

8.3   Comunicazione sicura con un tunnel SSL

Il supporto della rete è sempre stato presente in Linux fin dalla sua nascita, ed anche in ambiente embedded questa funzionalità viene spesso sfruttata, anzi, in alcuni casi la scelta di un sistema Linux embedded è guidata proprio dal fatto che il supporto di rete si trova già pronto.

Oltre alle applicazioni standard, tipo il server web, si può facilmente presentare l'esigenza di implementare un piccolo server dedicato: la cosa non è difficile, ma una volta implementata si pone subito il problema successivo: e la sicurezza? chiunque può vedere i miei dati?

Ovviamente la risposta è si, se non si sono implementati protocolli opportuni, e le soluzioni a questo problema possono essere molto varie:

- implementazione di un protocollo criptato proprietario (ma direi che significa andare in cerca di problemi)

- utilizzo di un protocollo standard, da usare nel nostro server, tramite le relative librerie: il protocollo ha le garanzie di essere testato, si tratta solo di inserirlo nel proprio codice

- usare una tecnica di tunneling: ci si appoggia ad un protocollo standard, con tutti i suoi vantaggi, senza dover modificare il proprio codice. Questa è la soluzione che esaminiamo qui di seguito.

8.3.1   Il tunneling

La tecnica di tunneling consiste nell'aprire un canale di comunicazione, ovvero un tunnel, in cui i dati entrano da una parte ed escono dall'altra, in maniera completamente trasparente all'utente: nel tragitto però questi dati si trovano a viaggiare in un tunnel, ovvero un qualche protocollo arbitrario che si occupa del loro trasporto dando certe garanzie.

In concreto, nel nostro caso, la tecnica di tunneling consiste nell'aprire un canale di comunicazione tra 2 macchine, prendere tutti i dati che arrivano da una delle due parti, crittarli con il protocollo SSL, inviarli in remoto, decrittarli e presentarli all'utente finale: questi passaggi sono implementati nel programma `stunnel` (http://www.stunnel.org).

8.3.2   Funzionamento di stunnel

Il programma stunnel implementa un tunnel utilizzando il protocollo SSL: nella presente discussione, supponiamo di avere un client ed un server, che comunicano tramite un socket, in chiaro, e vogliamo aggiungere una protezione basata su SSL. Lo schema logico che desideriamo implementare è il seguente:

1. il nostro server lavora sulla macchina 10.0.0.1, porta locale 10001

2. stunnel installato sulla macchina 10.0.0.1 mette in comunicazione la porta 10000 con la porta 10001

3. stunnel installato sulla macchina 10.0.0.2 mette in comunicazione la porta 10001 con la porta 10000

4. il client installato su 10.0.0.2 si mette in comunicazione sulla porta locale 10000

Il flusso dei dati sarà il seguente:

1. il client invia la richiesta a localhost (10.0.0.2) porta 10000

2. sulla porta 10000 del 10.0.0.2 c'è in ascolto stunnel, che riceve i dati, applica il protocollo SSL interagendo con il suo omonimo sulla macchina 10.0.0.1, tramite la porta 10001

3. stunnel presente sulla macchina 10.0.0.1, dopo aver ricevuto i dati li passa sulla porta 10001 in localhost (10.0.0.1) dove c'è in attesa il server

4. il server su 10.0.0.1, che lavora sulla porta 10000, riceve i dati, fa quello che deve fare, ed invia la risposta in localhost, porta 10000 a stunnel ed il percorso viene ripetuto al contrario.

Le uniche modifiche che dobbiamo fare sono relative alla configurazione degli indirizzi del client, cioè, nella situazione iniziale il server è in ascolto sulla porta 10001 del localhost ed il client comunica con la porta 10001 della macchina 10.0.0.1, mentre se usiamo stunnel, il client comunica con la porta 10001 di localhost (macchina 10.0.0.2).

In questo modo i dati viaggiano in chiaro all'interno di una stessa macchina, mentre sono criptati quando comunicano via rete. Notiamo che il server deve ignorare tutte le richieste che non provengono da localhost, ma questo è facilmente implementabile nel nostro codice.

8.3.3 Installazione di stunnel

Vediamo ora un esempio pratico di installazione di stunnel: la versione usata è stunnel-4.15, il server è un semplice daemon che ritorna un numero ogni volta che viene interrogato, il client è l'utilità nc (ovvero netcat).

Lato server

La macchina server deve avere i certificati (per approfondire il loro uso: http://www.stunnel.org), e possono essere creati con il seguente comando:

```
openssl req -new -x509 -days 3650 -nodes -out stunnel.pem -keyout stunnel.pem
cp stunnel.pem /etc/stunnel/stunnel.pem
chmod 600 /etc/stunnel/stunnel.pem
```

Se il programma stunnel era già preinstallato, con dei certificati di default, è comunque meglio generare dei certificati propri.

Stunnel ha poi bisogno della seguente directory:

```
mkdir -p /usr/local/var/run/stunnel
```

Se la directory non è presente, e lo si lancia con le opzioni di debugging, ci indicherà il nome della directory preimpostata, e non ci resta che crearla.

Serve poi il file di configurazione: /etc/stunnel/stunnel.conf

```
; In server mode il certificato e' necessario

cert = /etc/stunnel/stunnel.pem

; Abilita i messaggi di debugging (da togliere quando
; funziona correttamente)
debug = 7
foreground=yes
```

```
[dummytest]
accept  = 10000
connect = 10001
```

ed infine si lancia stunnel e il nostro server:

```
# stunnel /etc/stunnel/stunnel.conf
# dummyserver -p 10001
```

stunnel darà una serie di messaggi di log, e se tutto funziona correttamente si ferma in attesa di connessioni.

Lato client

Analogamente si procede dalla parte del client. Il file di configurazione /etc/stunnel/stunnel.conf è:

```
; Some debugging stuff useful for troubleshooting
debug = 7
foreground=yes

client=yes

[ssyslog]
accept  = 127.0.0.1:10001
connect = 10.0.0.1:10000
```

dopo aver creato la directory /usr/local/var/run/stunnel si può lanciare stunnel

```
# stunnel /etc/stunnel/stunnel.conf
```

a questo punto, il sistema è configurato per usare il tunnel SSL. Per testarlo si può dare il comando:

```
# echo dd | nc localhost 10001
```

Se tutto funziona correttamente, si deve vedere come risultato un numero, che rappresenta la risposta del nostro server.

Una volta che l'infrastruttura funziona, ci si può dedicare a studiare il funzionamento dei certificati, in modo da aumentare la sicurezza (ad esempio, il client può funzionare anche senza certificati, ma si possono creare in modo da accettare collegamenti solo da client legittimi).

8.4   busybox

Per lavorare sul dispositivo è utile installare busybox, un programma che in un singolo file eseguibile include gran parte dei comandi standard di Linux: per maggiori informazioni http://www.busybox.net/.

Per installarlo è necessario scaricarlo (cercare in google busybox android ... un possibile sito è http://zedomax.com/android/busybox.zip). A questo punto, dopo aver scompattato l'archivio si danno i comandi:

```
adb shell
su
# mount -o rw,remount /dev/block/mmcblk0p1 /system
exit
adb push busybox /data/local
adb shell
mkdir /system/xbin
cat /data/local/busybox > /system/xbin/busybox
cd /system/xbin
chmod busybox 755
./busybox --install -s /system/xbin
rm /data/local/busybox
```

ed alla fine si esegue un reboot.

Capitolo 9

Utilità

9.1 adb

Questo programma rappresenta lo strumento standard per collegarsi ai vari dispositivi Android.

adb devices mostra l'elenco dei dispositivi collegati

adb install nome.apk installa una applicazione

adb push file1 /dir1/dir2/file1 copia file1 nel dispositivo

adb shell invoca una shell

adb shell dumpsys molte informazioni interessanti sul sistema

    adb può essere usato anche via TCP/Ip. Dal dispositivo Android si dà il comando:

```
# setprop service.adb.tcp.port 5555
# stop adbd
# start adbd
```

    si possono in alternativa aggiungere nel file init.rc le seguenti righe

```
## configura adbd per usare TCP/Ip su porta 5555
   setprop service.adb.tcp.port 5555

## fa partire adbd
   setprop persist.service.adb.enable=1

## le seguenti istruzioni di solito sono presenti di
## default nel file init.rc

## dichiara il servizio (senza farlo partire)
```

```
## adbd is controlled by the persist.service.adb.enable
## system property
service adbd /sbin/adbd
    disabled

## fa partire il servizio se siamo su emulatore

## adbd on at boot in emulator
on property:ro.kernel.qemu=1
    start adbd

## fa partire il servizio quando viene settata la variabile
## persist.service.adb.enable

on property:persist.service.adb.enable=1
    start adbd

## e lo ferma, quando viene rimessa a 0

on property:persist.service.adb.enable=0
    stop adbd
```

che configurano il server adb per lavorare su TPC/IP e lo fanno
partire.

mentre dal PC si esegue:

```
$ adb connect 10.0.0.11:5555
connected to 10.0.0.11:5555
$ adb shell
```

Per tornare nella modalità di default su USB, nel dispositivo si dà
il comando `setprop service.adb.tcp.port -1` e sul PC il comando
`adb usb`.

9.1.1   adb shell

Questo comando consente di collegarsi al dispositivo ed avere accesso
ad una shell. La shell a cui si accede non ha i diritti di root, ma se il
telefono è "rooted", con il comando su si accede ad una shell di root.
Una volta dato il comando, l'interfaccia grafica mostra una richiesta
di autorizzazione all'uso come root: è sufficiente dare l'OK la prima
volta.

Questa modalità serve per poter accedere alle parti di filesystem
che sono protette di default. Accedendo al dispositivo si ottiene ad
esempio:

```
$ adb shell
$ pwd
/
$ ls
sqlite_stmt_journals
```

```
misc
cache
data
sdcard
storage
toshiba
d
etc
system
sys
sbin
proc
init_recovery.rc
init.rc
init.goldfish.rc
init
default.prop
root
dev
$
$ mount
rootfs / rootfs ro 0 0
tmpfs /dev tmpfs rw,mode=755 0 0
devpts /dev/pts devpts rw,mode=600 0 0
proc /proc proc rw 0 0
sysfs /sys sysfs rw 0 0
tmpfs /sqlite_stmt_journals tmpfs rw,size=4096k 0 0
 /dev/cpuctl cgroup rw,cpu 0 0
/dev/block/mmcblk0p1 /system ext3 ro,data=ordered 0 0
/dev/block/mmcblk0p5 /data ext3 rw,nosuid,nodev,data=ordered 0 0
/dev/block/mmcblk0p2 /cache ext3 rw,nosuid,nodev,data=ordered 0 0
/dev/block/mmcblk0p3 /misc ext3 rw,nosuid,nodev,data=ordered 0 0
/dev/block/vold/179:6 /storage vfat rw,nosuid,nodev,noexec,
  noatime,nodiratime,uid=1000,gid=1015,fmask=0000,dmask=0000,
  allow_utime=0022,codepage=cp437,iocharset=iso8859-1,
  shortname=mixed,utf8,errors=remount-ro 0 0
$ su
#
```

Si tratta di comandi standard di GNU/Linux: nel caso non ne fosse noto il significato conviene approfondirlo su della documentazione riguardante la shell (linea di comando) di linux. Molto in breve, il comando pwd mostra in quale directory ci si trova: in questo caso, appena dato il comando adb shell ci si trova nella root directory del dispositivo. Il comando ls mostra la lista dei file/cartelle presenti, e il comando mount mostra quali sono i filesystem montati. L'ultimo comando, su, ci consente di diventare root, come si può notare dal diverso prompt: per l'utente normale è il carattere $, per root è il carattere #.

Le cartelle come "/" o "/system" sono montate in modalità read only, ovvero, non possiamo scriverci nemmeno con una shell di root. Per poterci scrivere bisogna dare il seguente comando:

```
# mount -o rw,remount /dev/block/mmcblk0p1 /system
# mount
...
```

N.s.A — Note su Android per sistemi embedded

```
/dev/block/mmcblk0p1 /system ext3 rw,data=ordered 0 0
...
```

ed il filesystem **/system** è ora scrivibile: l'opzione **ro** mostrata in precedenza è ora **rw** (ovvero read and write).

9.2 Git

Git è un sistema di controllo delle versioni, creato da Linus Torvalds per gestire il kernel di Linux, o qualsiasi altro progetto software. Si riporta qui qualche comando, ma per imparare ad usare git si consiglia qualche manuale più organico!

Per installate git, se non è già presente:

```
# sudo apt-get install git-core
```

git clone git://sito.web.est/directory/nome.git directory/locale
   crea una copia locale del repository

git branch mostra il branch attuale

git branch -r mostra tutti i branch

git diff branch/one branch/two > output mostra le differenze
   tra due branch

git checkout nome/branch/dilavoro si dichiara come branch di
   lavoro quello indicato

9.3 Repo

I sorgenti di Android sono gestiti tramite i sistemi di controllo di versione **git** e **repo**: quest'ultimo è una interfaccia che usa git per i comandi di basso livello, ma consente di gestire in maniera omogenea più repository **git**. Repo è un unico script Python, da copiare in una directory presente nel PATH:

```
$ curl http://android.git.kernel.org/repo > ~/bin/repo
$ chmod a+x ~/bin/repo
```

repo non sostituisce **git**, anzi, si potrebbe lavorare esclusivamente con **git**, ma facilita il lavoro di gestione dei repository. Un esempio di sequenza di operazioni è il seguente:

1. **repo start** inizia un nuovo branch

2. modifica dei file

3. **git add** per segnalare i file modificati

4. **git commit** per inserire le modifiche

5. o in alternativa `repo forall -c git commit -a`

6. `repo upload` carica le modifiche nel server

Segue una veloce panoramica dei comandi disponibili: la struttura dei comandi è

```
$ repo command options
```

eventuali parametri opzionali sono inclusi tra parentesi quadre [ ].

9.3.1 repo help command

Restituisce un aiuto sul comando in questione.

9.3.2 repo init -u url [opzioni]

```
$ mkdir directory
$ cd directory
$ repo init -u git://android.git.kernel.org/platform/manifest.git
```

Installa il repository nella directory creata, ovvero creerà una directory `.repo` che contiene i file di controllo; l'opzione `-u` introduce l'URL da cui inizializzare il repository. Per altre opzioni si veda

```
$ repo help init
```

9.3.3 repo sync [lista-progetti]

Questo comando scarica effettivamente i repository. Si può scaricare l'intero repository:

```
$ repo sync
```

oppure scaricare particolari progetti:

```
$ repo sync progetto1 progetto2
```

9.3.4 repo diff [lista-progetti]

Mostra le modifiche fatte nella copia di lavoro:

```
$ repo diff
```

è possibile vedere le modifiche relative ad un solo progetto:

```
$ repo diff progetto
```

N.s.A — Note su Android per sistemi embedded

9.3.5   repo start nuovoramo [lista-progetti]

Crea un nuovo ramo (branch) nel repository che interesserà i progetti elencati:

```
$ repo start mioramo tuoprogetto
```

È molto utile create dei rami (branch) in quando consente di mettere una etichetta alle modifiche che si stanno facendo: i rami (branch) vengono inseriti nell'ambiente di lavoro locale ed è un'operazione che non occupa molte risorse e consente di documentare il nostro lavoro. Per verificare se il ramo è stato creato si può dare il comando

```
$ repo status
```

oppure

```
$ repo branch
```

Il nome del ramo corrente viene preceduto da un asterisco *; all'interno dei singoli progetti si può usare git per gestire i rami (branch), sia per vedere quali sono quelli attivi:

```
$ git branch
```

sia per commutare da un ramo all'altro di quelli che abbiamo creato:

```
$ git checkout nomeramo
```

9.3.6   repo upload

Carica le modifiche del repository locale nel server.

9.3.7   repo status [lista-progetti]

Mostra lo stato del repository:

```
$ repo status
```

Lo stato viene mostrato per tutti i progetti, con due lettere, la prima, maiuscola, indica lo stato dell'index rispetto all'ultimo commit, mentre la seconda, minuscola, indica lo stato della directory di lavoro rispetto l'index. Il significato è:

A il file è appena stato aggiunto

M/m il file esisteva ed è stato modificato

D/d il file è stato cancellato

R il file è stato rinominato: mostra anche il nome nuovo.

C il file è stato copiato da un altro file: mostra anche il nome del file sorgente

T è stato cambiato il modo del file (eseguibile o no)

U il file ha dei conflitti generati dal merge

- file non modificato. un '-' in entrambe le colonne indica che il file è nuovo per git. Dopo aver eseguito `git add` lo status riporterà 'A-'.

9.3.8 Creazione di un repo locale

Può essere utile avere un repository locale di Android, per tener traccia delle personalizzazioni, per lavorare in più persone su uno stesso progetto locale o per altri motivi.

Prerequisiti sono l'installazione di repo e di git, sia in modalità cliente che server. Una volta installato questo, si scarica l'archivio di partenza:

```
$ cd /usr/local/android
$ mkdir ppcdroid
$ cd ppcdroid
$ repo init -u git://gitorious.org/ppcdroid/manifest.git --mirror
$ repo sync
```

Con questi comandi ci si posiziona nella directory che contiene i nostri repository git, si crea una nuova directory e si scarica il progetto. Da notare l'opzione `--mirror`: serve per scaricare tutti i repository, senza estrarre i singoli file di lavoro.

Ovviamente questa directory locale serve solo come repository: per lavorarci bisognerà fare un altro checkout su una directory di lavoro.

A questo punto abbiamo il repository locale, ma che punta ancora al repository remoto: è necessario cambiare il file `ppcdroid-donut.xml`. Per far questo è necessario eseguire il checkout del file:

```
$ git clone git://10.0.0.77/android/ppcdroid/manifest.git
cd manifest
```

e cambiare nel file `ppcdroid-donut.xml` l'elemento remoto. In origine era:

```
  <remote  name="ppcdroid"
  fetch="git://gitorious.org/ppcdroid/"
  review="" />
```

e diventerà

```
  <remote  name="ppcdroid"
  fetch="git://10.0.0.77/android/ppcdroid/"
  review="" />
```

dove 10.0.0.77 è il nostro server locale. A questo punto si esegue un commit nel repository:

```
$ git commit -a
$ git push user@10.0.0.77:/usr/local/android/ppcdroid/manifest.git
```

ed abbiamo un nostro repository locale, da cui prendere i sorgenti con

```
$ repo init -u git://10.0.0.77/android/ppcdroid/manifest.git
$ repo sync
```

Viene scaricato il repository completo, e di default ci si posiziona nel ramo principale di sviluppo.

Si può vedere quali sono i branch presenti nel repository con il comando

```
$ git branch -a
```

Nel caso il repository remoto abbia diversi branch e noi siamo interessati ad uno di questi in particolare, si può dare il comando

```
$ repo forall -c git checkout -b nomebranch remotes/ppcdroid/nomebranch
```

che crea il branch locale con nome **nomebranch** corrispondente al branch remoto omonimo.

9.3.9 Esempio di uso

Un esempio di utilizzo di un repository può essere il seguente:

- `repo init -u git://10.0.0.77/android/ppcdroid/manifest.git` inizializza il repository

- `repo sync` scarica il repository

- `repo forall -c git checkout -b nomebranch remotes/ppcdroid/nomebranch` imposta il ramo desiderato

- modifiche varie ai file sorgenti

- `repo forall -c git commit -a` esegue il commit sul proprio PC

- `repo forall -c repo-do-upload.sh` esegue l'upload delle modifiche locali sul server. Lo script `repo-do-upload.sh` che esegue un push di tutte le modifiche di ciascun progetto nel server è il seguente:

```
(echo "cd ppcdroid/${REPO_PATH}"
cd ppcdroid/${REPO_PATH}
git push repo@10.0.0.77:/usr/local/android/ppcdroid/${REPO_PROJECT}.git \
    nomebranch)
```

Gli altri utenti possono sincronizzare le modifiche del server centrale con il comando:

```
$ repo forall -c git pull
```

N.s.A — Note su Android per sistemi embedded

Capitolo 10

Glossario

Android Software Development Kit - SDK insieme degli strumenti per scrivere applicazioni Java per Android (eventualmente con Eclipse).

Android Platform Development Kit - PDK La piattaforma di sviluppo per Android, riferita a chi lavora sul sistema Android, ad esempio per porting su altre piattaforme hardware: include tutti i sorgenti di Android.

Android Native Development Kit - NDK insieme di strumenti per scrivere applicazioni native (non in Java) per Android. Le applicazioni native non saranno cross-platform.

Android Open Source Project - AOSP il progetto che porta avanti lo sviluppo di Android.

Open Handset Distribution - OHD è il nome formale della distribuzione per dispositivi mobili a cui di solito ci si riferisce come Android, sviluppata dai membri della Open Handset Alliance. Android include il sistema operativo e le applicazioni tipiche necessarie ai dispositivi mobili.

Open Handset Alliance è il gruppo di compagnie, sia software, che telefoniche, che produttori di hardware unitesi per portare avanti lo sviluppo di Android e sul loro sito reperibile all'indirizzo http://www.openhandsetalliance.com/ c'è l'elenco aggiornato di chi sono (fra i più famosi Google, Docomo, Telecom, Vodafone, Acer, Asus, Dell, HTC, LG, Lenovo, Nec, Sony, ARM, Freescale, Intel Nvidia, e molte altre!)

Java Development Kit - JDK ambiente di sviluppo per Java

Java Runtime Environment - JRE ambiente per eseguire applet Java

Capitolo 11

Riferimenti